高山恵子
佐々木睦美●著

親子で話そう！性のこと

3歳から始める性教育

なんでも話せる
親子の関係づくりが、
性教育のスタート

Gakken

はじめに

高山恵子

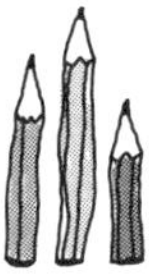

近年、ＳＮＳ関連の子どもの性被害の増加や、アイドル事務所の性加害事件がメディアで報道され、子どもの性の問題が急速に身近な話題となりました。また、性犯罪・性暴力対策の強化の方針に基づき、内閣府と文部科学省が連携して「生命《いのち》の安全教育」のための教材及び指導の手引きを作成しました。「生命を大切にする」「加害者にならない」「被害者にならない」「傍観者にならない」ための教材で、発達段階（幼児期・小学校・中学校・高校・特別支援教育）に応じて作られています。２０２３年度からは、それまでの取り組みを継続しつつ、学校現場での実践をより後押しする取り組みを通じ、全国展開を推進しています。

　私はアメリカの大学院で幼児教育・特別支援教育を学び、１９９７年に帰国して、ＡＤＨＤ等発達障がいの支援団体である『ＮＰＯ法人えじそんくらぶ』を大学の友人と設立しました。日本の教育は欧米諸国の教育に比べて約30年遅れていると言われ、性教育は40年以上遅れているイメージがあります。宗教や文化などによって差がありますが、私が１９９５年に留学した当時、就学前から保育・幼児教育現場や家庭で性教育関係の絵本の読み聞かせをし、３・４年生から授業で性教育を実施。５・６年生ではコンドームの使い方を看護師が授業で教え、高校には託児所がついている所もあり、カルチャーショックを受けました。

　発達障がいのある子の支援を25年以上してきた経験から、思春期以降に「こんなことになるなんて」と親がショックを受けないように「小さい頃に教えておきたいことリスト」がありますが、その中の一つが性教育です。

皆さんは、子どもが質問をしてきたとき、どう答えたらいいか悩んだことはありませんか？子どもが疑問に思ったときこそ「ティーチャブル・モーメント」と呼ばれる最高の「教え時」、子どもにとっては「学び時」です。特に性に関する質問に対しては、自身が子どもだったとき、親や先生にはぐらかされてあいまいなことしか教えてもらえなかった経験がある方は多いでしょう。また、きちんとした性の知識があれば、こんなつらい思いはしなかったという経験がある方もいるかもしれません。

ですから、この本ではまず、①「親が性に関する正しい知識を学ぶこと」をお勧めします。そして、②「子どもからの性に関する突然の質問や悩み相談に対して、慌てず、温かいまなざしと自信をもって答える準備」をしていただきたいのです。

また、欧米では、「子どもには子どもの人権があり、親の所有物ではない」という考えが浸透しており、小さい頃から「自己決断できる子に育てる」ことに力を入れています。3歳の子どもにも、「これをしなさい」ではなく「AとBどちらをやりたい？」と聞く、といった具合に必ず選択肢を与えると学んだときも、カルチャーショックを受けました。

このように、③「子どもが選び、その決断を親がサポートする姿勢」が大切です。ポイントは、無理強いしないこと。例えば、絵本の読み聞かせも、子どもが自分で絵本を選ぶことから自己選択はスタートします。見える所に置いてあるだけで、子どもが自然に手に取ることもあるでしょう。子どもからいろいろな質問が出てきたら、それこそ「教え時」です。

また、自己決断とは、すべて自分で決めることではありません。④「人に聞く、助けを求めるという選択肢」を常にもてるよう、育ってほしいものです。そのためには、子どもが小さいときから、質問したときに一緒に考え、答えてくれる大人の存在が必要です。これが子どもとの信頼関係の構築にも役立ち、のちの性の問題の予防にも重要になります。

私は長年、誰にも相談できず、どんどん辛い選択肢を選んでしまった親子の相談を受けてきました。あなたの家庭で「こんなことになる前に、なんでもっと早く言わなかったの！」という落胆と叱責の声がなくなることを、心から願っています。

お子さんが、子どもの頃だけでなく、思春期以降も性のトラブルを回避し、性に関する悩みを早い段階で相談するためのスキルを身につけられたなら、この本を一緒に企画し、本として世に出した私たちみんなの喜びです。

CONTENTS

PART 2 子どもからの質問にどう答える？……25

PART 3

子どもの「性」にまつわる悩み・疑問……55

別冊

じぶんの からだを たいせつに する えほん

PART 1

まず、親子で確認しておきたいこと

～すべてに通じる大切な四つのポイント～

「子どもと性のことを話すのは大切」と思っていても、いったい何から話せばいいかわからない、という人も多いのではないでしょうか。最初に、子どもと一緒に押さえておきたい「四つのポイント」をお伝えします。性教育の基礎となる部分であり、「幸せに生きる」ことにつながる大切なポイントです。巻末のえほんも活用しながら、ぜひ親子で話をしてください。親子関係を見つめ直すきっかけにもなるかもしれません。

Point 1 自分のからだは自分のもの

「子どものからだは子どものもの」と意識して

えほん
P.1

性教育はなんのために行うのでしょうか。その大きな目的は、「自分のからだと心を大切にする」ことです。ですから、大前提として、まず子どもに伝えたいのは、「自分のからだは自分のものだよ」ということ。ぜひ、子どもに「あなたのからだは誰のもの？」と聞いてみてください。

問いかけに対して、もし子どもが「私のからだはお母さんのもの」と答えたら……。「お母さんにとって、○○ちゃんはとっても大事で大好き。だけど、ご飯を食べるのも○○ちゃんだし、おしっこするのも、寝るのも、転んで痛いのも○○ちゃんだもんね。だから○○ちゃんのからだは○○ちゃんのものなんだよ」などと伝えられるといいですね。

子どもが「自分のからだは自分のもの」と思えないと、「自分のからだは自分で守る」という意識が育ちにくくなります。また、誰かに自分のからだに何かされたときに、「それはいやなこと」と感じられなくなってしまうかもしれません。

「自分のからだは自分のもの。とっても大切な自分のからだなんだよ」と、子どもが小さなうちから、ぜひ、繰り返し伝えてください。自分を守るために、「自分のからだは自分のもの」ということを早くから知っておくことは、とても大切なことなのです。

子どもが「自分のからだは大切」と感じられるように

「自分のからだは自分のもので、とっても大切なんだよ」と、大人がいくら伝えても、子どもがそう実感するのは難しいものです。なによりその感覚のベースとなるのは、「自分が大切に扱われる経験」で、それが自分を大切に思う自尊感情の土台になります。

赤ちゃんのおむつを替えるときに、必ず「おむつを替えるね」などと声をかける、優しくふく、というように、**幼いときから大人が子どものからだを丁寧に扱うことが、とても大事**になってきます。

性に関係することに限らず、日常生活における子どもへのそのようなかかわりを積み重ねていくこと。それが、子どもが「自分を大切にしなくちゃ」と感じられることにつながっていきます。

Point 2 自分の感覚と人の感覚は違う

「感じ方」を決めつけない

「からだを触られてうれしい・いや」という感覚は、一人ひとり違います。「子どもは抱っこされるとうれしいだろう」「くすぐられるのが好きだろう」と思っていたけれど、よく見ると、くすぐられているときの表情がうれしそうではなかった、聞いてみると「本当はいやだった」ということもあります。**「子どもだから、これは好きだろう」ではなくて、「その子がどう感じるか」という視点をもってかかわることが大切**です。

これは、子ども同士の関係でも同じです。小学校1、2年生頃になると、道徳の授業などで「それぞれ感じ方が違う」「相手の気持ちを考える」ということを考える機会も出てきます。「私はこれが好きだから、○○ちゃんも好きだろう」ではなくて、「いろいろな感じ方があるね」「あなたはこれが好きでも、○○ちゃんはいやなんだって」「いやと感じてもOK」といったことを、親子でもさまざまな場面で話していけるとよいですね。

えほん P.2

「感じる」力を育む

いろいろな感じ方があることを知り、自分の感じ方・人の感覚を大切にするには、まず「好き・嫌い」「気持ちいい・気持ち悪い」といった感情や感覚をしっかり感じ取る力が必要です。誰かから何かされそうになったときに「これはいやな感覚」ということに気づき、自分を守ることにもつながる力です。

そのような力を育むには、**大人が「快・不快」を言葉にして伝えたり、感覚を共有したりするかかわりが不可欠。**例えば、赤ちゃんに「おしっこが出たね。おむつが濡れて気持ち悪いね」「おしりをふいて、気持ちがいいね」と言葉をかけ、共感を示すのもその一つです。「靴下が濡れちゃっていやだったね。はきかえてすっきりしたね」「おふろに入って、さっぱりしたね」などと、生活の中でのさまざまな感覚を意識して、子どもに伝えたり共有したりしていきましょう。

そんなやり取りの中で、子どもが「これが『気持ち悪い』ということか」と感じられたり、「お母さんはいやって言ったけど、僕はそんなにいやじゃないな」というように感覚の違いを知ったりする経験が積み重なっていきます。

感じたことや気持ちを言葉にする

感じる力が備わってきたら、感情を言葉にすることを大人がサポートします。「『あっちに行け！』って言われて悲しかったのね」というように、**「あなたはこういう理由でこんな気持ちになったんだね」と整理して伝えるのが有効**です。それが「悲しい」「うれしい」など、感情に名前があることを知る機会になり、やがて、子ども自身の言葉になって自己表現ができるようになります。そして次に、「うれしいね」と人と共感する、「私はリレーで勝ってうれしかったけど、同じチームだった○○ちゃんは転んじゃったから悔しいんだな」と、人の感情を想像する力につながります。3～5歳の時期にこの力がぐんと伸びてくるのです。

感じ方が人と極端に違う子どもたちも

人によって感覚の受け止め方が違うわけですが、その中でも、特定の刺激に対してとても敏感な人（人から触られることが苦痛など）と、とても鈍感な人（けがをしても痛みがわからないなど）がいます。どの刺激にどういう反応を示すかはそれぞれですが、このように、人と感じ方が極端に違う子がいるということも知っておきましょう。

Point 3

いやなことは「いや」と言う

えほん P.2

「いや」は自分を守る言葉

「パンツの中を見せて」と頼まれた、「キスしてもいい?」と言われた、といった場面で、「いや」と感じていいし、「いや」と言っていい。これは、自分のからだと心を守るためにとても大切なことで、「NO」は生きていくうえで必要な言葉です。でも、「いや」ってちょっと言いづらい……。「いや」と言うと相手に悪い、嫌われると思っている子どもも多いようです。大人にもそのような感覚がないでしょうか。

「いや」というのは、相手を否定する言葉ではなくて、「私はしたくないよ」「されたくないよ」という自分の気持ちを伝える言葉です。保育や教育現場で「ちくちく言葉(相手の心が傷つく言葉)・ふわふわ言葉(相手の心が元気になる言葉)」を子どもたちと考える取り組みがありますが、「いや」は決して「ちくちく言葉」ではないということを、ぜひ子どもに伝えたいですね。「いや」は大切な自己決断、自己決定で、自分を守る言葉です。

「NO」を受け入れられる体験も大切に

P.14でくすぐりの話をしましたが、くすぐられるのが苦手な子が「いやだ」と言ったときにやめてもらえた、という体験も大事。**「いや」を受け入れられる経験をすると、子どもは「言っていいんだ」「言ってよかった」と感じることができます。**

言ってもやめてもらえない場合、「いや」と言ってもしかたがない、相手がいやがることをやってもいいんだ、と誤学習してしまうこともあります。子どもが小さいときから、家族の中で「これはいやだからやめて」と言われたらやめる、ということを大事にしましょう。「NO」を受け入れられてこそ、信頼関係は深まっていくものです。それは子どもも大人も同じ。大人も「いや」と言っていいし、その気持ちを大事にしてほしい。子どもに、パートナーに「いや」と言えているかな？と大人自身も振り返ってみましょう。

幼児期からの子どもとの関係づくりが、性教育の始まり

「いや」を伝える力の土台となるのは、自分の「いや」という気持ちに共感されたり、「どうしたいか」を自分で決めたりする経験です。

2歳頃になると「いや」をたくさん言うようになり、それはとても大事なプロセスです。まだ幼いので、大人が主導権をもつことが多い時期でもありますが、「ダメだよ」とただ否定するのではなく、「そうか、いやなんだね」と受け止める。**「あなたがいやだと思っているのは、わかっているよ」という共感を大切にしてほしい**と思います。

また、例えば、児童館でままごとあそびをしているとき、違う子が「このお鍋を貸して」と言ってきたとします。大人はそこでつい、「貸してあげなさい」と言ってしまいがちですが、ここで大切なのは本人の気持ちです。

「いいよ」と貸してあげるのか、「今使っているからいやだよ」と言うのか。それを決めるのは子ども自身です。そこでの大人の役割は、「○○ちゃんはどうしたいのかな?」と確認して、貸したくない思いがあるようなら、「そういうときは『今使っているから、あとでね』という伝え方もあるよ」というように、子どもの気持ちを一緒に確認したり、自分の気持ちを伝える言葉の選択肢を提案したりすることです。

どうしたいかを自分で決めること、それを伝えること。幼児期からそういう経験を大切にしていくと、自分の気持ちを大事にして、相手に「いや」を伝える力が育ちます。**性教育のベースは、性に特化したことだけではなく、子どもとの関係づくりや自己決定が基本です。**だからこそ、幼児期からの意識が大切なのです。

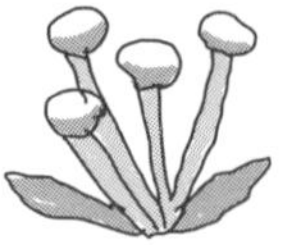

Point 4 「プライベートゾーン」は自分だけの大切なところ

えほん P.1・2

「プライベートゾーン」とは?

からだはどの部分も大事ですが、その中でも特別なところが「プライベートゾーン」。**具体的には「口・胸・性器・おしり」を指します。**子どもには、「水着で隠れるところと口だよ」と教えるとわかりやすいですね。水着で隠れていない男の子の胸も、プライベートゾーン。「下着で隠れるところ」と伝えてもよいかもしれません。プライベートゾーンは、大人にとっては性的な意味合いをもつ個人的な場所ですが、**小学校低学年くらいまでの子には難しいので、「特別に大事な場所だよ」と話すとよい**でしょう。

「なんで大事なの?」と聞かれたら、「命の誕生と関係しているからだよ」「男の人のおちんちんも、女の人の脚と脚の間にあるおまたのところも、赤ちゃんができたり、生まれたりすることに関係している大事な部分なんだ」「赤ちゃんが生まれたら、女の人はおっぱいをあげるよね。だから胸も大事」などと伝えるとよいでしょう。

「じゃあ、なんで口もプライベートゾーンなの？」と聞く子もいるかもしれません。口が性的な表現や行動にかかわることを子どもに説明するのは難しいので、例えば、「口からごはんを食べるよね。それも命と関係しているね」「口はからだの中と外をつなげて、○○ちゃんが元気に生きられるようにしてくれる場所だよね」などと伝えるのも一案です。子どもに「なんで大事なんだと思う？」と聞いてみてもいいですね。

「自分だけの大切なところ」という意識を育てていく

まず、次のことを親子で確認しておきましょう。

プライベートゾーンは……

○自分ではない人が、勝手に見たり、触ったりしないところ。

（自分で自分のものを触るのはＯＫ）

○自分のものであっても、人がいる場所で見たり、触ったりしないところ。

（人がいない場所ならＯＫ）

口については、誰かが無理矢理何かを入れたり、覆ったりしないところ、という説明もしておくとよいでしょう。

伝えるときに心がけたいこと

導入として、**「〇〇ちゃんは、自分の宝物を誰かに勝手に触られたらどう？」「大事なものは大切にしまっておくよね」と伝えると、イメージしやすくなる**かもしれませんね。

「プライベートゾーンは、人に見せたり、触らせたりしないところだよ」と言いたくなるかもしれませんが、そう伝えると、子どもが性的な被害を受けたときに、「見せてしまった／触らせてしまった自分が悪い」と自分を責めてしまう可能性があります。大人の側も「あれほど言ったのに、なんで見せちゃったの／触らせちゃったの」となりかねません。

あくまでも「見た側」「触った側」が悪いのです。だから、「自分ではない人が、勝手に見たり、触ったりしないところ」「大切なところだから、人のも見たり、触ったりしないよね」と伝えてほしいと思います。

性教育は幸せに生きていくためのものです。できるだけ「×」「ダメ！」などの禁止や、「こうしないと、こんな怖いことになっちゃうよ」という脅し文句は避けたいところです。また、子どもは「ダメ」と言われると、わざとやりたくなることが多いもの。むしろ、「プライベートゾーンを触られそうになったら、どんなことができるかな？」「あなたにはこんな力があるよ」というスタンスで話をしていきましょう。「お父さんもお母さんもあなたを全力で守りたいと思っているけど、あなた自身にも自分でできることがあるよ」「『いや』と言ってもいいし、逃げてもいい。誰かに話してもいいね」といったメッセージは、きっと子どもの力になります。そこからまた、「ほかに何ができそう？」「〇〇ちゃんは誰に話す？」などと会話を広げていけたら素敵ですね。

親子間でも、プライベートゾーンに配慮して

プライベートゾーンのことを繰り返し子どもに話すのは、性暴力から身を守るためでもあり、誰かが何かしようとしてきたときに「おかしい」と思う感覚を育てるため。だからこそ、**「親であってもできるだけ勝手に触らない」という姿勢を見せていく必要**があります。例えば、トイレの介助が必要なときも、「ズボンを下ろすよ」「おしりをふいてもいいかな？」と声をかける、終わったら「大事なところだからしまっておこうね」と伝える、というように。プライベートゾーンの話をしながら、「じゃあ、お父さんが〇〇ちゃんのおふろや着替えを手伝うときは、声をかけなくちゃね」と会話をするのもいいですね。

また、おふろのときに、「おふろ場では裸だけど、脱衣所から出るときはパンツをはこうね」と伝えるなど、**何かにつけて線引きを意識して、家族で確認**しておきましょう。

こういうことを積み重ねておけば、誰かが何かをしてきたときに、「親だって触らないのに……おかしいぞ」「こんな場所でプライベートゾーンを見せるなんて変」と気づくことができます。

プライベートゾーンを押さえておくと、性の話がスムーズに

プライベートゾーンのことがしっかり子どもに伝わっていると、さまざまな場面でのかかわり方が明確になり、子どもとの性の話が展開しやすくなります。そのため、本書でも繰り返しプライベートゾーンの話が出てきます。ぜひ家庭でも、最初に子どもに話し、機会があるごとに伝えていってほしいと思います。

大人側に「恥ずかしい」「いやらしい」といった意識があると、それが態度や言い方ににじみ出てしまいます。まず、大人自身がプライベートゾーンについて考え、生物学的な感覚で言葉に慣れるとよいでしょう。肩の力を抜いて、子どもと楽しく学んでいきましょう。

PART 2 子どもからの質問にどう答える？

からだや性のことを子どもから聞かれたときが、ベストな教え時！
子どもにとってよい学びになるよう、大切なことを解説します。
アンサー例を挙げていますが、答え方は子どもによって、
また年齢に応じて違ってくるでしょう。あくまでも参考としてご覧ください。
一度に正しいことを教えなければならない、と気負わなくて大丈夫。
難しく考えず、子どもとの会話を楽しみながら伝えていってください。

Q1 なんで、○○ちゃんにはおちんちんがないの？

Answer

おちんちんがないのを不思議だと思ったんだね。

男の人と女の人のからだは違うところがあるね。男の人にはおちんちんがついているけど、女の人にも同じようなものがちゃんとおなかの中にあるよ。男の人と女の人とで、形とある場所が違うんだよ。

おちんちんは涼しいのが好きだからぶら下げてあって、女の人のは温めておきたいから、おなかの中にしまってあるんだよ。

NG word

女の子にはないんだよ。

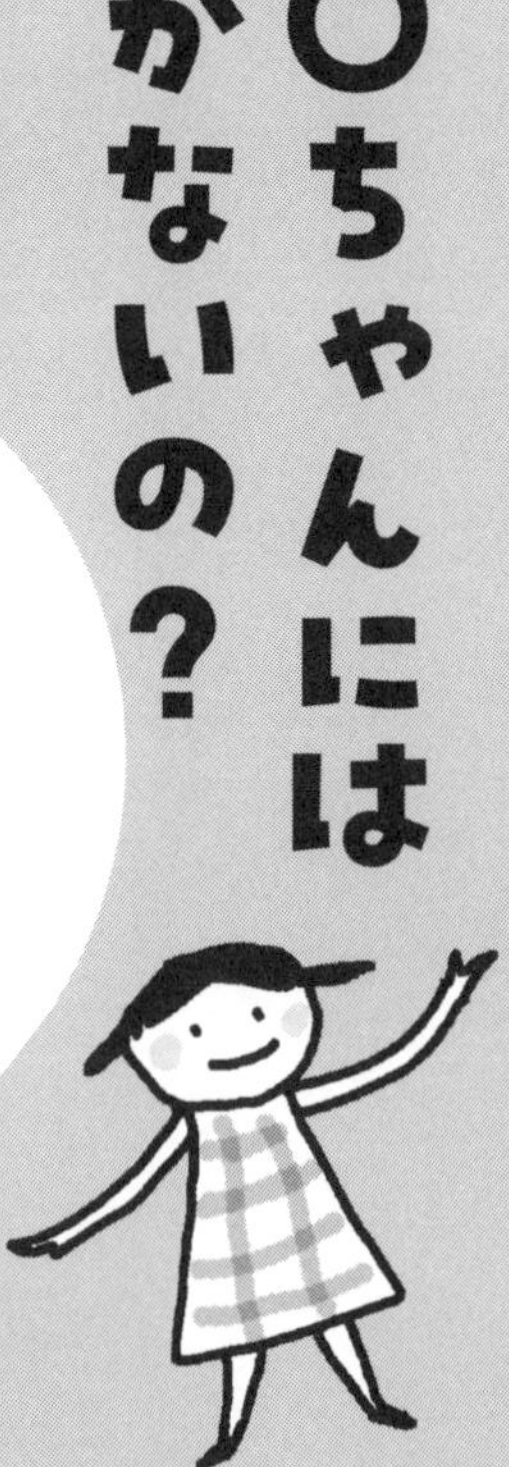

純粋な興味に寄り添って

女の子がこのように聞いてくる場合もあれば、男の子が「なんで僕にはおちんちんがあるのに、お母さんにはないの？」と聞いてくることもあるでしょう。大人が性にネガティブなイメージをもっていて、子どもが性器の名称を言うことに戸惑いがあると、「おちんちん」という言葉だけで、このような問いに対して、拒否反応を示したくなるかもしれません。

でも、**幼い子が聞いてくるのは自然なことで、純粋に興味をもったから。**恐竜や人形の話をするのと同じレベルのことなのです。なので、**「知りたいんだね」「不思議だね」と、まずは寄り添って**ください。そして、P.20で解説した「プライベートゾーン」の話もしながら（えほんP.2参照）、「命に関係する大切なところなんだよ」と伝えていきましょう。

からだのしくみの違いを大人が科学的にとらえておく

男女のからだのしくみの違いには、科学的な理由があります。それを幼い子どもにそのまま伝えるのは難しいかもしれませんが、まず**大人自身が必要な知識を押さえ、「からだのしくみってすごくうまくできている」ということの不思議さやおもしろさを感じてほしい**と思います。ここで、この質問に関する基礎知識を解説しておきます。えほんP.3・5の図も参考にご覧ください。

子どもは「ペニス（陰茎《いんけい》）」と「陰のう」を一緒に指して「おちんちん」と言っていることが多いのではないでしょうか。おちんちんのようにからだの外に出ている性器を「外性器《がいせいき》」と言いますが、女性の外性器（大陰唇《だいいんしん》・小陰唇《しょういんしん》・クリトリスなど）にはそのような幼児にもなじみのある言葉がありません。

ただ、「おちんちん」にあたるものが女性にないわけではなく、男性の外性器である「亀《き》頭《とう》」は女性の外性器の「クリトリス」にあたります。また、赤ちゃんの「もと」に関係する部位としては、男性には「精巣」があって、体温より2~3度低い温度でないとうまく精子を作ることができないため、からだの外にあります。女性には「卵巣」があって、冷えると卵子を育てる機能が低下するため、からだの中にあります。

このように科学的に対応して、男女それぞれに存在しているものもあるので、初めは「同じようなものがある」という言葉で話をするとよいでしょう。また、「ペニスは、赤ちゃんの『もと』を女の人のからだに届けるために、こんな形をしているよ」「男の人と女の人で形や場所が違うのは、働きが違うからだよ」という話をしてもよいですね。

女の子が質問してきた場合は、「おちんちんがなくて、心配になっちゃったのかな?」と聞いてみてもよいでしょう。中には、「生まれてきたときに落としちゃったのかな？」と心配になったり、弟にはあるのに自分にはないことを不安に思ったりする子もいます。そういうとき、**「女の子にはないんだよ」と答えると、自分は欠けた存在なのだと感じてしまう子もいます。**ですから、「大丈夫だよ」「ないんじゃなくて、あなたにも同じように大切なものが、からだの中にあるんだよ」と伝えましょう。

子どもの理解力や年齢に応じて、名称も伝えていく

3歳くらいの子と話すときに「ペニス」という言葉を使うか、「おちんちん」という言葉を使うか、女性器の名称を教えるかどうか……。正解はありません。難しい恐竜の名前をすら覚える子がいるように、幼いからといって科学的な言葉を受けつけない・覚えられないというわけではないですよね。**からだ・性器の名称を知っておくのも、自分を守るために大切**なことです。

ただ、幼い子に一生懸命話しても、その子が一度に受け取るのはごく一部。子どもの理解や年齢に応じて、繰り返し、少しずつ伝えていきましょう。

Q2 ママのおっぱいは、なんで大きいの？

Answer

おっぱいは、
みんなあるよね。
パパにも、
〇〇ちゃんにもあるね。
でも、
膨らんでいるおっぱいは
ママだけだね。

赤ちゃんは
おっぱいを
飲むよね。

赤ちゃんにおっぱいを
あげられるように、
大人になると女の人は
おっぱいが
膨らんでくるんだよ。

NG word

おっぱいは
大きいほうが
いいんだよ。

子どもとの会話を楽しみながら

このような一つの質問から会話を広げ、からだの不思議さや大切さの話につなげていけるとよいですね。例えば、大人が「赤ちゃんはどうやって大きくなる？」と聞き、子どもが「おっぱいを飲んで大きくなる」と答えたら、「そうだよね。そのおっぱいを作るために、女の人のおっぱいは膨らむんだよ」「〇〇ちゃんも、ママのおっぱいを飲んでいたんだよ」と話す、という具合にです。また、「男の人は大人になってもおっぱいが膨らまないから、おっぱいをあげられないんだよ」「赤ちゃんが飲まなくなったら、おっぱいは出なくなるんだよ。不思議だね」という話をしてもよいでしょう。女の子だったら、「〇〇ちゃんも、大きくなるとおっぱいが膨らんでくるんだよ」と話しても。ただし、**おっぱいの形も大きさも一人ひとり違うことも伝えましょう。**

なお、子どもにとっておっぱいはいつまでも安心材料であり、大好きな子が多いですよね。弟や妹が生まれたときにお母さんの気を引こうとしたり愛情を試そうとしたりして、3歳くらいの子が「おっぱい飲みたい」と言うこともあるでしょう。そんなときは「赤ちゃんになりたくなったかな？」と言って、少し飲ませてあげても。飲ませてもらったことで安心して満足することが多いでしょう。

※本書では、「おっぱい」を「胸」・「母乳」両方を表現する言葉として用いています。また、赤ちゃんには、母乳のほか育児用ミルクなど人工栄養を使用する場合もあります。

Q3 なんで、パパのおちんちんには毛があるの？

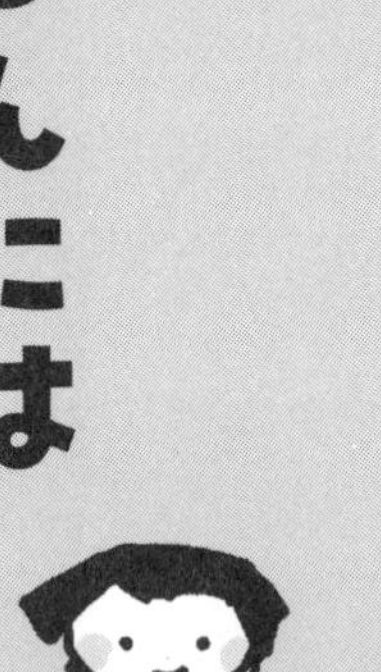

Answer

大人になると、
こうやって毛が
生えてくるんだよ。

なんのために
毛が生えているのか、
パパにもわからないんだ。
科学者もまだ
よくわからないんだって。

大きくなると
わきの下にも
毛が生えてくるし、
脚の毛も多くなる。
それって、とっても
健康なことなんだよ。

NG word

毛が
生えていて、
いやだよね。

汚いよね。

子どもが、からだの変化をポジティブに受け止められるように

成長すると、なぜ性器の周りに毛が生えてくるのか―大切な部分を守るため、ホルモンのにおい（フェロモン）を毛にまとわせてそこにとどめておくため、など諸説あり、明確な理由はまだわかっていないそうです。

「大人にもわからないことがある」と話したり、「なんのために生えてくるんだろう？」と親子で一緒に考えてみたりするのもよいですね。そして、成長してくると、**性器の周りやからだのあちこちに毛が生えてくること、そういうからだの変化はとても健康なことだということをぜひ伝えてほしい**と思います。

成長すると毛が生えてくることに、戸惑いを感じる子もいます。そこで大人も「いやだよね」「汚いよね」などと同調してしまうと、その戸惑いやネガティブなイメージを強めてしまうので避けましょう。そういう場合は、「わきの毛を抜いている大人もいる。大きくなったとき、自分で決めていいんだよ」といった話をしておくとよいかもしれません。

なお、子どもとおふろに入っていると、子どもの目線にお父さんの性器があって、つい触ろうとする子もいるでしょう。そのときは**「パパの大切なところだから触らないでね」**と、お父さんからプライベートゾーンの話をしましょう（えほんP.2参照）。

Q4 赤ちゃんはどこから生まれるの？

Answer

赤ちゃんって、
誰から生まれる？
（子ども：「お母さんから」）
そうだよね、赤ちゃんは
お母さんのおなかの中で
育つんだもんね。
じゃあ、赤ちゃんはどこから
生まれてくると思う？

こういう
やり取りを
してから……

女の人には、
脚と脚の間に
赤ちゃんが生まれてくる
ところ（穴・膣《ちつ》）が
あるんだよ。

お母さんの
おなかを切って、
お医者さんがそこから
赤ちゃんを出してくれる
こともあるよ。

NG word

知らないよ。

みんな、
おなかから
生まれるよ。

鳥さんが
運んで
くるんだよ。

はぐらかさず、正しい知識を伝える

子どもからの質問に対していきなり正解を伝えるというのではなく、やり取りを楽しむ中で、赤ちゃんがどこから生まれてくるのか話をしていくとよいでしょう。子どもが生まれたときのこと、そのときの感動や喜び、生まれてきてくれてありがとうという気持ちを伝える機会にもなりますね。**命につながる大切な話です。**はぐらかしたり、うそをついたりするのではなく、素直な気持ちで聞いてきた子に向き合ってください。

そして、理解力に応じて、赤ちゃんが生まれる場所の説明をします（えほんP.5・6・7参照）。女の人の脚と脚の間には三つ穴があって、前から「おしっこが出る穴（尿道口《にょうどうこう》）」「赤ちゃんが出る穴（膣口《ちつこう》）」「うんちが出る穴（肛門）」と、清潔な順番に並んでいること。「膣」という赤ちゃんが通る道があって、その出口が膣口だということ。また、正式な名称も教えましょう。子どもが「うんちとおしっこの間から生まれるの？」と驚いたり、「汚い」と感じたりしたら、「赤ちゃんが生まれるところはきれい（清潔）なんだよ」と伝えてください。

帝王切開で生まれる子もいます。「赤ちゃんがうまく道を通れないときは、お医者さんがお母さんのおなかを切って、手助けしてくれることもあるんだよ。あなたもそうやって生まれてきたんだよ」ということも伝えるとよいですね。

ヒント PLUS!

知るとかかわり方が見えてくる「子どもの性的な発達段階」

―メグ・ヒックリングさんの本から―

発達段階に沿った子どもの理解と大人のかかわり方

メグ・ヒックリングさんは、看護師であり、ユーモアのセンスを携えて子どもたちへの性教育を社会に浸透させてきた第一人者です。カナダで発行された著書『Speaking of SEX』(1996年)は性教育本の決定版として知られ、日本でも『メグさんの性教育読本』(1999年)として翻訳出版されています。本の中で、メグさんは子どもの性的な発達を「就学前」「小学校低学年」「小学校高学年」「中学校・高等学校」「おとな」と5段階に分けて説明し、各段階で子どもが性をどうとらえるのかといった特徴や、各段階の子に適した大人のかかわり方などをまとめています。

本書で主に解説している年齢層である、「就学前」と「小学校低学年」の子どもたちの性的な発達段階について、メグさんの解説の一部をここで紹介します。PART2にある子どもからの質問への答え方のヒントになるのではないでしょうか。

就学前（3～5歳）の子どもたち

この時期の子どもたちを、メグさんは「魔法がかった考え方をする子どもたち」と表現しています。ある事柄について事実に基づいた知識をもっていないと、子どもたちは自分を納得させるために勝手に話をつくり、赤ちゃんはコウノトリが運んでくるといった話をたやすく信じます。

一方で、感情的なわだかまりを抱えていないので、すべての段階の子どもたちの中で一番楽に性の健康について教えることができます。ただ、すぐに理解するとは限らず、話の一部だけを受け取ることもあります。何度聞かれても決して怒らずに繰り返し伝えることが大切だと、メグさんは強調しています。

小学校低学年（6～9歳）の子どもたち

この時期は「トイレにまつわる冗談が好きな子どもたち」。それは、性と性の科学について探ろうとしている姿だと説明されています。

物理的なことへの好奇心が旺盛で、恥ずかしがらずにいろいろと積極的に聞いてくる子どもたち。大人はどんな質問も尊重して喜んで答えましょう。そして、そのすばらしい教え時を逃さず、性の科学と健康についての正しい知識を伝えましょう、と述べています。

メグさんの性教育読本
メグ・ヒックリング／著
三輪妙子／訳
ビデオ・ドック／発行
木犀社／発売

Q5 赤ちゃんはどうやってできるの？

Answer

女の人がもっている赤ちゃんの「もと（卵子）」と、男の人がもっている赤ちゃんの「もと（精子）」が出合うと（くっつくと）、赤ちゃんになっていくんだよ。

男の人のペニス（おちんちん）が女の人の膣に入って、男の人の赤ちゃんの「もと」を届けるよ。そして、女の人のからだの中で女の人の赤ちゃんの「もと」と出合うんだ。

うまく出合えないときは、お医者さんに手伝ってもらうこともあるよ。

NG word

そんなこと聞かないの！

子どもの興味がどこにあるのかを探る

突然このような質問を子どもからされると、びっくりしてしまう人もいるでしょう。「この子は性的なことに興味をもってしまったのかな？」とショックを受ける人もいるかもしれません。

でも、**子どもがこういうことを聞くのは、性的な興味・関心からではありません。**「からだのしくみを知りたい」「赤ちゃんってどこでどうやってできるんだろう？」という純粋な興味や素朴な疑問からなのです。赤ちゃんの誕生はとても不思議で神秘的なこと。「どうなっているんだろう？」と知りたくなるのは、ごく自然なことです。ですから、**大事な質問ととらえて、まずは「聞いてくれてありがとう！」「いい質問だね！」と言ってあげられるといい**ですね。

そして、子どもが実際に何を知りたがっているのかを探るべく、「どうして知りたいと思ったの？」などと会話をしながら聴き取っていきましょう。昨今の妊娠・出産のあり方は多様なので、子どもが知りたいことの焦点が見えてきたら、冒頭のアンサー例のように科学的に、できるだけシンプルに答えます。えほんP.3・5・7も見ながら、親子で「不思議だね」「すごいね」と会話を楽しみましょう。

女の人のからだの中に赤ちゃんが育つ場所があることを教える

「男の人の赤ちゃんの『もと』と女の人の赤ちゃんの『もと』が出合ったあとは、どうなるの？」「赤ちゃんはどこで大きくなるの？」ということに関心をもつ子もいます。そのときも、子どもの理解力に合わせて正確に伝えましょう。

「女の人のからだの中には、赤ちゃんを育てるお部屋（子宮）があるんだよ」「赤ちゃんの『もと』が出合って、子宮で赤ちゃんが大きくなるんだよ」などと話し、P.34の「赤ちゃんはどこから生まれるの？」の話につなげてもいいですね。（えほんP.5・7参照）

性に関する名称に大人が慣れておく

子どもから突然こういった質問をされたとき、大人が性に関する名称に慣れていないと、ついスルーしてしまったり、ごまかしたりしがちです。また、具体的な性の話をすることに大人が抵抗感をもつと、子どもはそれを感じ取り、「恥ずかしいことなんだ」「こういう話はしちゃいけないんだ」と思ってしまいます。

子どもが聞いてくれたときがチャンスなので、そのときに向けて、大人が前もって名称に慣れておき、**科学的に説明をするイメージをもっておくとよい**でしょう。

そうはいっても、思いもよらないような質問をされて、どう答えていいかわからないときもありますよね。そんなときは、「○○ちゃんにわかるように答えるのは難しいから、お母さんが調べておくね」「お父さん、ちゃんと説明できるか自信がないから、考えてみてからあとでゆっくりお話するね」と伝えて、**その場ですぐに回答しなくても大丈夫**です。ただし、質問をなかったことにはしないでください。「一緒に調べようか」と、巻末のえほんを見ながら話すのもいいですね。子どもからの質問に完璧に答えようとすると、負担になってしまいます。親子で一緒に学んでいくという気持ちで、向き合っていきましょう。

「セックスって何？」と聞かれたら

携帯を操作しているうちに、インターネットでいろいろな情報にアクセスできてしまうので、小さい子どもでも「セックス」という言葉を聞いたり、目にしたりしている場合があります。聞かれた大人は内心「どうしよう！」と衝撃を受けるかもしれませんが、動揺は見せずにできるだけさらりと返すのがポイントです。

「○○ちゃんは、なんだと思う？」**「セックスっていう言葉を知ってるんだね。どこで聞いた**

の？」というように質問を返すのも一つの方法です。そのとき、怖い顔で詰問調にならないように気をつけてください。そして、冒頭のアンサー例のように淡々と科学的に説明をしましょう。また、虫を飼った経験がある子であれば、「交尾」という言葉を知っていることがあります。そこに結びつけて、「人間の場合はセックスって言うんだよ。大人が赤ちゃんをつくるためにすることだよ」と話してもよいですね。セックスにも多様な意味がありますが、子どもには生殖に関することとして話すのがよいでしょう。

子どもが大事な存在であることを伝える

性の話は、「自分という存在がどこからどうやって来たのか」というように、自分の成り立ちを知る話でもあります。

女性だけでも男性だけでも、赤ちゃんはできません。両方がいて初めて命が誕生するのです。性の話を通して、「だから、〇〇ちゃんはお父さんにもお母さんにも似ているんだよ」「おじいちゃん、おばあちゃん、お父さん、お母さん、〇〇ちゃんって、つながっているんだね」「お父さんもお母さんも、〇〇ちゃんにとっても会いたかったんだよ」**「あなたは愛される存在なんだよ」というメッセージも子どもに届けていきたい**ですね。

ヒントPLUS！

子どもの身近に潜む性的な情報

有害情報から子どもを守ることを大人が意識して

インターネットでいろいろな情報に簡単にアクセスできる時代です。例えば、小さな子が保護者の携帯電話やタブレットをいじっていて性的な動画などを見てしまう、インターネットの有害サイトへのアクセスを制限するフィルタリングがかかっていなくて、ふとした拍子に性的な情報に接してしまう……というのはよく聞く話です。ポップアップ広告をクリックし、アクセスしてしまう場合もあります。いろいろなことを音声でも気軽に検索できてしまうため、通信機器と共にある生活を送っている今の子どもたちにとって、性的な情報はとても身近なものといえるでしょう。

見てしまったものを記憶から消すことはできません。インターネットにある性的な情報は刺激が強く、歪んだ内容が多いため、そこから入ってしまうと、あとから正しい情報を教えて修正することがとても難しくなります。子どもだけで通信機器を使わないようにする、動画共有サイトを見るときはテレビにつなげるなど、有害情報から子どもたちを守る対策をとることを大人が意識しましょう。

近い将来、自分で情報の取捨選択をしていかなくてはならない子どもたちです。間違った情報に引きずられないためには、なんでも話ができる親子関係も重要になってきます。

Q6 おちんちんがピン！ってなるのはなんで？

Answer

〇〇くん、
おちんちんが
ピン！って
なったんだね。

いつもより
大きくなって、
硬くなったのかな？
〇〇くんのからだが
元気な証拠だね。

大人になったとき、
赤ちゃんの「もと」を
女の人に
届けられるように
練習しているんだよ。

NG word

触っちゃ
ダメだよ。

エッチなことを
考えるからだよ。

エッチなこと
言わないの！

からだの変化に否定的な気持ちや不安をもたせない

ペニスには、精子を卵子に届けるという役割があります。その役割を果たせるのは勃起《ぼっき》したときだけ。柔らかいままだと膣の中に入らないので、機能を果たすために、なんと胎児のときから勃起の練習が始まっているのです。

生殖活動に伴う興奮状態や、性的なシンボルや空想によって興奮することを「性的興奮」と言います。そのような性的興奮によって勃起するようになるのは、小学校高学年くらいから（個人差があります）と言われていますが、それ以前にも自然に勃起したり、何かがふれるなど物理的な刺激で大きくなったり硬くなったりします。小さいうちから、触っているとなんとなく落ち着く、気持ちがよいという感覚がある場合もあります。また、尿がたまって、その反射で起きることもあります。**からかったり否定したりすると、子どもは「これはいけないこと」と感じて、勃起に対してネガティブなイメージをもってしまう**こともありますので、そのような言葉をかけるのはやめましょう。

また、子どもがこのような質問をしてくるのは、自分のからだが変化してちょっと不安になっているからかもしれません。「おちんちんがピン！ってなるのは、健康なことなんだよ」「そのままにしておけば元に戻るから大丈夫だよ」と伝えるとよいでしょう。

ヒントPLUS!

「おちんちんの皮をどうするか」問題

—包茎《ほうけい》の話—

包茎の二つのタイプ

「子どものおちんちんの皮って、むいたほうがいいの?」というように、男の子のからだのことでお母さんが戸惑うことの一つが、「包茎」ではないでしょうか。

包茎とは、ペニスの亀頭部分が皮（包皮《ほうひ》）に覆われている状態（えほんP.3参照）を言います。実は男の子の赤ちゃんはみな、包茎で生まれてきます。

包茎には二つのタイプがあります。

●真性《しんせい》包茎……包皮の穴（包皮口《ほうひこう》）が狭すぎたり皮が長く伸びたりしていて、皮を手で下げられず、亀頭が見えてこない。

●仮性《かせい》包茎……常に皮をかぶっているけれど、手で皮を下ろすと亀頭が出てくる。

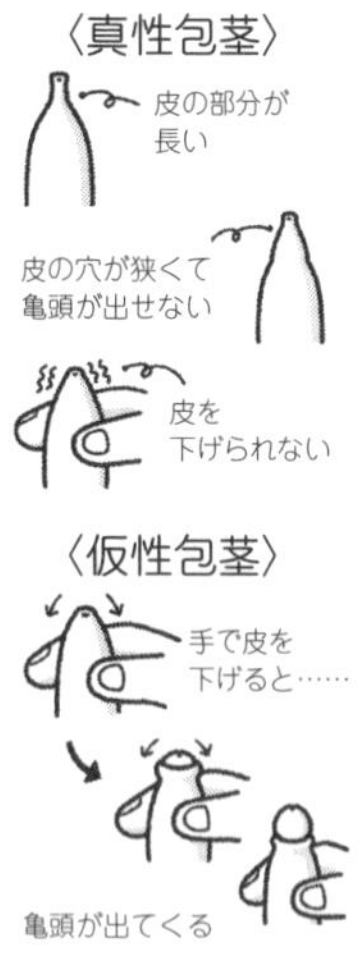
〈真性包茎〉
皮の部分が長い
皮の穴が狭くて亀頭が出せない
皮を下げられない
〈仮性包茎〉
手で皮を下げると……
亀頭が出てくる

無理にむかずに、少しずつ皮を下げて洗う習慣を

冒頭の「おちんちんの皮をむく」というのは、ペニスの皮を引き下げて亀頭を出すことを意味しますが、乳幼児のペニスは皮が癒着していることが多いので、最初はむけなくてもOK。亀頭が見えてこなくても大丈夫です。

無理矢理はがそうとせず、おふろで少しでも皮を下げる（おなかのほうに引き寄せる）ようにして洗う習慣をつけましょう。続けているうちに、段々とむけるようになります。

包皮の穴がとても狭く、おしっこをするときに包皮の内側に尿がたまり、風船のようにペニスの先が膨らんでしまう、ペニスの先が炎症で赤くなっているなどの心配があれば、泌尿器科を受診しましょう。思春期前の真性包茎は塗り薬で治療することもあります。

思春期以降の包茎

思春期に入ると男性ホルモンの影響でペニスが成長し、皮から亀頭が出やすくなります。普段は包茎の状態でも、勃起すると亀頭が出てくるようなら心配いりません（仮性包茎）。

実は日本の成人男性の多くが仮性包茎とも言われています。仮性包茎は手術の必要がありません。ただ、皮の内側に汚れがたまりやすいので、毎日きれいに洗いましょう。

思春期以降の真性包茎は、勃起したときに皮がつれて痛みが生じるため、手術が必要になる場合もあります。その際は、泌尿器科に相談しましょう。

Q7 なんで、ママから血が出るの？

Answer

血が出ているのを
見て、びっくり
しちゃったかな？

大丈夫よ、
これはけがや
病気じゃないんだよ。
ママは元気だよ。

女の人は、おなかの中に
赤ちゃんの「もと」を
もっていて、大人になると、
赤ちゃんを産む準備をするの。
そのときに、
こうやって血が出るんだよ。

NG word

けがを
しちゃったん
だよ。

そんなこと
知らなくて
いいんだよ。

まずは、心配ないことを伝えて

母親のプライベートゾーンのことを考えると、3歳過ぎの子と一緒にトイレに入るのはあまり望ましくありません。しかし、外出先では、個室の外で子どもを1人にしておくのは心配です。そういう場合に連れて入ったとき、お母さんの月経の血液が目に入ってしまうこともあるでしょう。また、浴室で血液を目にすることがあるかもしれません。

子どもにとって、血が出るというのはすごくびっくりしてしまうことです。怖いと感じる子もいます。なので、まずは**「これは病気やけがの血ではないよ」「お母さんは大丈夫だよ」などと、安心していいことを伝えましょう。**事前に、「トイレでお母さんの血が見えるかもしれないけど、びっくりしないでね」と予告するのも有効です。

プライベートゾーンの話は、落ち着いた場所で

月経の血を見て、その場で思わず大きな声で反応したり、「なんで？」と聞いたりする子もいるでしょう。外出先のトイレなど、公共の場で聞かれたときは答えづらいでしょうから、その場では「おうちに帰ってからゆっくり話すね」と伝えます。また、**「プライベートゾー**

ンの話は自分のからだの大事なところの話だから、人がたくさんいる場所ではお話しないよ」という約束をしておくとよいでしょう。

小学校4年生頃に保健の授業で月経について学びます。それより小さい子には、「女の人のおなかの中には、大人になってから赤ちゃんを育てるお部屋（子宮）があるんだよ。血が出るのは、そこで赤ちゃんを育てる準備をするためなんだよ」というように、シンプルに伝えるとよいでしょう（えほんP.5・7参照）。

先ほど述べたように、お母さんのプライベートゾーンなので、わざわざ月経の血液や手当の様子を見せる必要はありませんが、子どもからの問いかけはうやむやにせずに、答えられる範囲で答えていきたいですね。

月経に対してネガティブな印象をもつ子には

将来、月経が来ることを不安に感じる女の子もいます。月経があるのはとても大事なことで、赤ちゃんを産むためのからだのしくみが元気に働いているということ。恥ずかしいことではなくて、うれしいことだと伝えたいですね。月経をポジティブに受け止めるためには、大人のとらえ方や子どもへの伝え方がポイントになってきます。

ヒントPLUS！

改めて確認しておきたい「月経（生理）」のこと

月経期間を少しでも快適に

お母さんにも子どもたちにも月経をポジティブにとらえてほしい一方で、月経痛などのつらさもあるものです。ただがまんするのではなく、月経でつらいときは、パートナーや家族などの理解を得て心身を休めましょう。症状が強い場合は婦人科の受診を勧めます。

今は「フェムテック（女性＋テクノロジーを表す造語）」という、女性特有の健康課題をテクノロジーで解決する製品やサービスも充実しており、月経関連では吸水ショーツや月経カップなどが開発されています。

少しでも快適に過ごせるように、そういったものを活用するのもよいでしょう。

月経は、赤ちゃんをつくるためのからだのしくみ

女の子のからだが成長してきて、卵巣から女性ホルモンが活発に出るようになると、月

経が始まります。初めての月経のことを「初経・初潮」と言い、10〜15歳頃に始まることが多いと言われています。今一度、大人も月経のしくみを確認しておきましょう。

①「排卵後に、卵子が卵管内に入る」

通常約1か月に1個、左右どちらかの卵巣から卵子が排出され（排卵）、卵管内に入る。

②「卵子が卵管を移動し、子宮の内側の膜（子宮内膜）が厚くなる」

卵管に入った卵子が精子と結合すると受精卵になる。受精卵を迎えるために子宮内膜が厚くなる。

③「受精せず、膜がはがれ出てくる」

受精しなければ、必要なくなった子宮内膜がはがれ落ち、血液と一緒に体外に出てくる。

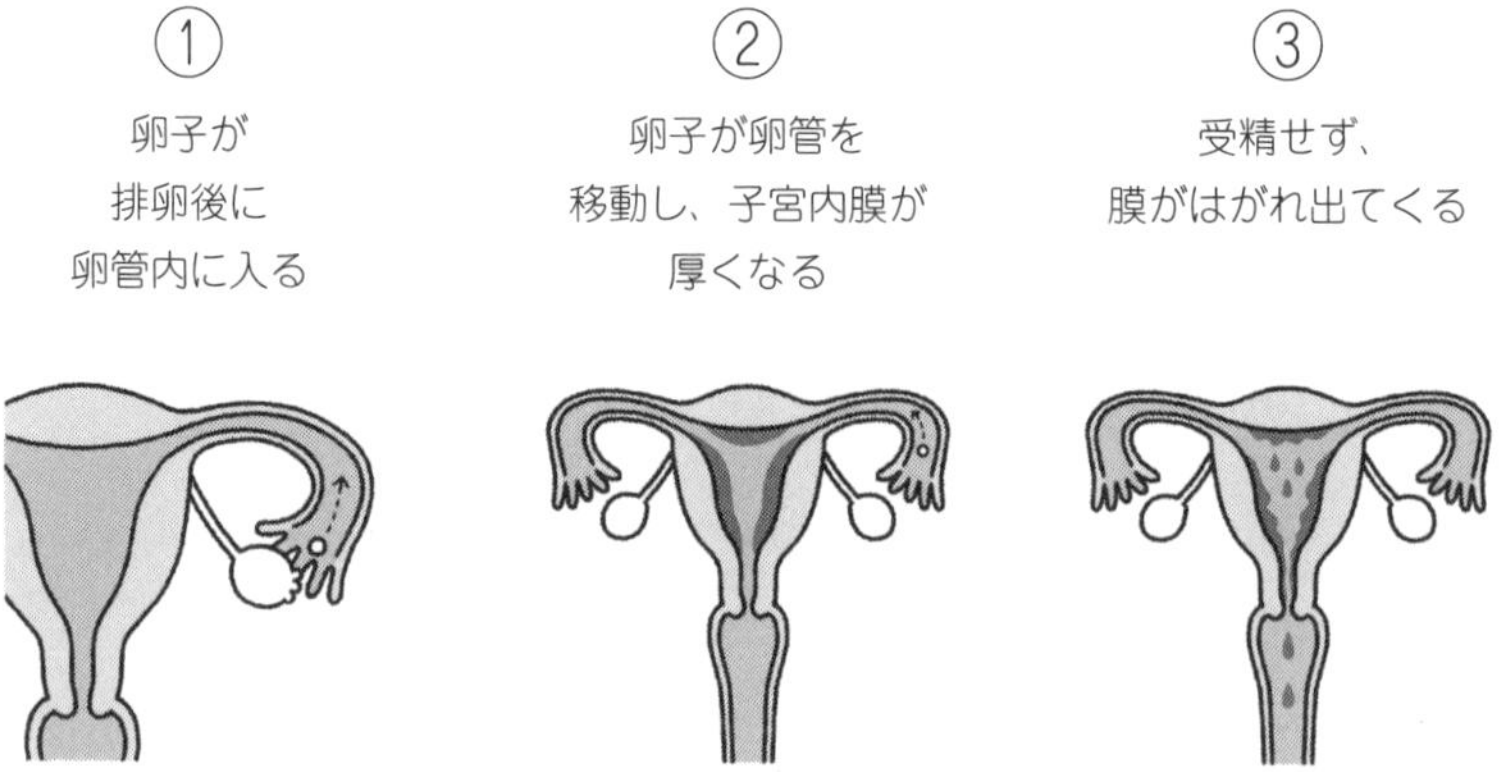
①
卵子が
排卵後に
卵管内に入る
②
卵子が卵管を
移動し、子宮内膜が
厚くなる
③
受精せず、
膜がはがれ出てくる

Q8 性について何も聞いてこない子に、どう話したらいい？

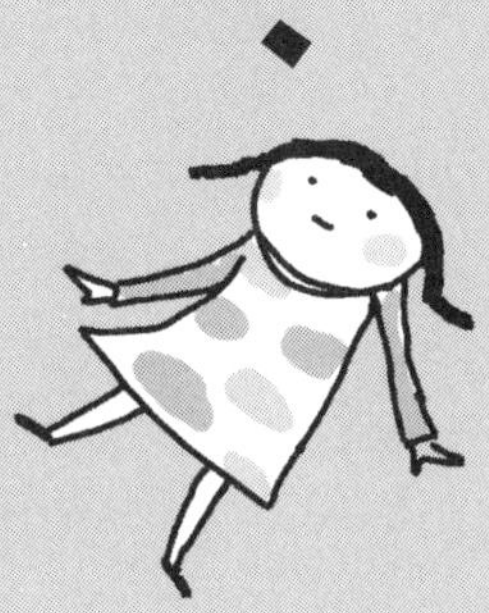

幼児のうちから自分を守るための話を

もちろん、性的なことに興味がいかない子もいます。ただ、何も聞いてこないからそのままでOKかというとそうではなくて、幼児のうちから「自分の身を守るために必要なこと」を伝えることが大事です。

具体的には、本書のPART1で挙げた「すべてに通じる大切な四つのポイント」の、「いやなことは『いや』と言う」ということや、プライベートゾーンのことについては話しておきましょう。

おふろや絵本をきっかけにして

そうは言っても、大人のほうから唐突に話すのは難しいですね。きっかけの一つとしては、絵本の活用がおすすめです。今、性をテーマにした絵本がたくさん出版されているので、読み聞かせの際に選んでみてもいいですね。本書の巻末のえほんもぜひ活用してください。

また、おふろの時間もよいきっかけです。「鼻とか手とか、それぞれ名前がついているね。からだのいろいろな部分全部に名前がついているんだよ」「おちんちんは、科学者は『ペニス』っていうかっこいい名前で呼んでいるよ」などと、話を広げていくとよいでしょう。

身近な性被害から身を守るために

P.90で詳しく説明しますが、性被害は決して他人事ではありません。幼児も巻き込まれる可能性があり、**身近な人から受ける場合もあります。**園や学校で、性を使ったからかいやいじめが起きることもあります。

性被害はからだも心も傷つけます。そういうことから自分を守る術を身につけてほしい。それが性教育に込められた大切な願いの一つなのです。

PART 3

子どもの「性」にまつわる悩み・疑問

性に関連する子どもの言動で、気になる姿や、どのように対応したらよいか悩む状況もありますよね。内容的に、周囲の人に気軽に相談しづらいこともあるかもしれません。ここでは、幼児や小学校低学年の子どもたちの保護者からよく挙がってくる悩みや疑問に対して、アドバイスをしていきます。子どもへのかかわりのヒントにしてください。

悩み 疑問 1

「ちんちん」「おしり」といった言葉を、わざと言いたがります

できるだけさっぱりとした対応を

子どもはからだのことに興味があって、特にこういった言葉を言ったり聞いたりすると喜ぶ子も多いですよね。幼児〜小学校低学年頃の子の発達から考えても、それはごく自然なこと。就学前であれば、あまり気にしなくてよいでしょう。

ただ、大人が反応すればするほど、おもしろがってエスカレートしていくことがあります。「やめなさい！」と怒ると、それが子どもにとっては注意引きになってしまうこともあります。また、大人が思わず笑うと、喜んでいると思う子もいます。大人の対応としては、「なるべく反応せずに、さっぱり対応」がポイント。「その言葉、お母さんはあまり聞きたくないな」と冷静に伝え、できるだけ注目しないようにする、その場を黙って離れるといった対応です。**子どもは自分の言動にあまり反応を得られなければ、自然に言わなくなっていきます。**

子どもがそういう言葉を言っているときに、意識をほかへ向けようと、違うあそびに

対応のPoint
●なるべく反応せずに、さっぱり対応。
●状況によっては、ルールやマナーを伝える。
●「どこで」「どういう状況のとき」言っているかを観察してみる。

誘ったりすることもあるかもしれませんが、子どもによっては「この言葉を言うと、あそんでもらえる」と受け取ってしまう場合もあります。やはり、できるだけ反応しないほうがよいでしょう。

状況によっては、マナーやルールの確認を

ただ、「人が大勢いる場所や、図書館など静かにしなくてはならない場所では言わないよ」「知らない人に向かって言うと驚いてしまうよね」といった確認や注意は必要です。

このような言葉をおもしろがるピークは、小学校低学年頃。高学年になってくると、「『ちんちん』とか言って喜ぶのは小さい子」といった意識が出て、言わなくなってきます。

あまりにずっと言い続けて気になるという場合は、「どこで」「どういう状況のときに」言っているかをよく観察してみてください。なんらかの反応をしている人がいないでしょうか。例えば、きょうだいで一緒にいるとき、お兄ちゃんが笑ってくれるから言い続けているという場合、その子がまた言い始めたら、ほかの部屋へ行くようにお兄ちゃんに協力をお願いするなどの対応で、少しずつ収まってくる可能性があります。

ヒント PLUS!

場にそぐわない言葉を口にする子どもの理解とかかわり

「わざと」なのか「わからない」のかを確認

　小さい子の多くの問題行動が「わざと」と思われがちですが、なぜそれをやってはいけないかが「わからない」という子もいます。「わざと」というのは、その行動をやってはいけないとわかっていながらやることです。その場合は、P.56の解説にあるように、その行動になるべく反応しない対応が効果的です。

　一方、「わざとやる」というより、「NGワードとOKワードの違いがわからない」、つまり「言葉のニュアンスがわからない」子もいます。「この言葉は言うべきではない」ということがわからないと、行動を自分で修正するのは難しいものです。例えば、これはNGワード、これはOKワードということを、関係する場面でその都度教えるところから始める必要があります。

　また、「相手を不快にさせていることがわからない」「相手がいやがっている表情がわからない」など、相手の感情や状況が理解できない場合は別のサポートが必要です。そのようなタイプの子には、「それは声に出さない言葉」というように、しっかりルールとして伝えましょう。

そのほか、口癖で「うっかり」言ってしまう場合もあります。そのときは、大人が「その言葉は×？ それとも○？」と聞き、子どもが自分で考える時間をつくりましょう。

「注目されたい」という思いを理解する

「わざと」人前で性的なNGワードを言ったり、行動をとったりする子には、見捨てられ感があったり、かまってほしいという欲求があったりします。「NGな行動をしてでも注目を得たい、しかられてでもかかわってもらいたいという思いが周囲に届いていない」サインであることが多いので、子どもに肯定的な言葉をかけることを意識しましょう。具体的には、よい行動が見られたら「大きな声であいさつできたね。素敵だね」などと伝えるとよいでしょう。「わざとの性的なNG行動」が思春期にエスカレートしないように、小さい頃から信頼関係を深めることが大切です。

「わざと」「わからない」「うっかり」「聞いていない」といった視点による子どものとらえ方（「子どもの行動を分析する四つの視点」）は、P.102・103でも解説しています。そちらも参照してください。

悩み 疑問 2

性器いじりにはどう対応したらいい？

性的なものではなく、自然な行為と受け止めて

2歳くらいまでの子が性器を触っているのは、あまり気にせずにそのままにしておいてもよいでしょう。自分の世界が広がっていくにつれ、3歳頃になると自然と触ることが減っていく子もいます。

子どもが自分の性器を触るのはよくあることで、男の子も女の子も性器いじりをすることがあります。 たまたま手を伸ばしたら性器があって、触っていたらほっとしたり、なんとなく気持ちがよかったりして、たびたびそこに手がいく……。指しゃぶりと同じような感覚の行為です。目にしたら戸惑うこともあるかもしれませんが、むしろそれは子どもの行為を性的なものと結びつけてしまう大人側の意識によるものです。神経質になったり「いけないこと」ととらえたりするのではなく、自然な行為と受け止めてください。

ただ、ふだんしっかり洗えていなくて、違和感やかゆみのために性器を触る場合もあります。おふろでよく洗うなど、清潔にしましょう（えほんP.4・6参照）。また、男

の子はパンツをはいたときの性器の位置が気になり触る、ということもあります。

自分のからだは自分で触ってOK

自分のからだを自分で触ることは、決して悪いことではありません。また、性器は汚いところでもありません。子どもが性器を触っているのを見かけたときに、「やめなさい」「ダメだよ」「汚いでしょ」などと言ったり、子どもの手を払ったりするかかわりは避けましょう。

性器を触っているところをお母さんに見られて、「ダメ」と言われると、性に関してネガティブな感情や罪悪感をもつことがあり、その後セルフプレジャー（マスターベーション）をするようになる時期に支障が出てくることもあります。まず、「自分のからだは自分で触っていい」ということを大人も子どもも確認しておきましょう。

頻繁に触っていて気になるときは、観察を

3歳を過ぎて、しょっちゅう性器に手がいく、どんな場所でも触っているという姿が

見られる場合は、**その子にとって性器いじりが「一番楽しくて、安心できること」になっている状態かもしれません。**どんなときに触っているかを観察してみましょう。

やることがなくて手持ち無沙汰なときなのであれば、その子の好きなあそびに誘うのも一つの方法です。また、怖いことやいやなことがあったときにしているのであれば、その子のストレスを取り除く、安心できるもの（例えば、お気に入りのタオルやぬいぐるみなど）を持たせる、といった対応を考えてみましょう。園や学校でも性器いじりが見られるようであれば、担任の先生と「どんなときにしているか」「ストレスの原因は何か」などの話をして、安心できるものを持参してよいかどうかを相談するとよいでしょう。入眠するまでに行うことが多く気になるようならば、眠るまで大人が手をつないでいる、寝る前に絵本を読むといった儀式をつくるのもおすすめです。

「お約束」を伝える

性器いじりをしている子に対して、いくつか伝えておきたい約束事があります。

一つ目は、手が汚れていることがあるので、**大事なプライベートゾーンを汚い手では触らない**ということ。

対応のPoint

- 「自分のからだは自分で触ってOK」を前提にする。
- どんなときに触っているかを観察し、対応する。
- プライベートゾーンを触るときの「お約束」を伝える。
  ①汚い手で触らない／②人前で触らない／③物を使わない

二つ目は、**自分のからだの大事なところだから、人がいる場所では触らない**ということ。例えば、「○○ちゃんの布団の中ならいいよ」というように、具体的にOKな場所を知らせるとよいかもしれません。家族とリビングでテレビを見ているときに触っていたら、「ここではどうするんだっけ?」「あっちのお部屋でしようね」などと声をかけるとよいでしょう。また同時に、**プライベートゾーンを触っているのを目にすると不快に感じたり、いやだなと思う人がいることも、子どもに知らせておきたい大事な視点**です。性器いじりをしていることが誰かの目にふれたときに、それが性犯罪の被害につながることもあります。そのような意味でも、プライベートゾーンは人前で触らないことをしっかり伝えていきましょう。

三つ目は、**性器を触るときに物は使わない**ということ。中には、強い刺激を求めて、何か硬いものを押し当てたり、ソファーや机の角に当てたりする場合があります。「プライベートゾーンが傷ついてしまうから、手で優しく触ろうね」と言葉をかけましょう。男の子の場合、ペニスを手で触るときは「ギューッと強く握らないでね」と話しておきます。

これらの約束は一度言っても忘れてしまうので、見かけたらその都度、怒るのではなく、穏やかに伝えていきましょう。

ヒント PLUS！

刺激に対して強い反応を見せる子どもの理解とかかわり

その子の苦手な感覚に合わせて対応を考える

P.16でも述べたように、感覚がとても敏感で、ある特定の刺激が気になってしかたがない子どもたちがいます。

性器を触ることに関していえば、感覚の過敏さのために性器を衛生的に保つことが困難でかゆみが生じ、気になってしまうことも考えられます。具体的には、次のような姿が挙げられます。

●シャワーを極度にいやがり、性器をしっかり洗えない。
●柔らかいタオルでも、ふれると痛がる。
●急にからだにふれられるとパニックを起こし、親が子どものからだを洗えない。
●石けんやボディーソープのにおいが嫌いで、それらを使うことをいやがる。

「シャワーを当てられると、花を生けるときに使う剣山にふれているかのように痛くてたまらないけど、子どものときはそのことを親に伝えることができずに、ただ泣くだけだった」と、大人になってから当時を振り返って語る感覚過敏の人もいます。子どもが自分で説明できないことも多いので、シャワーやタオルを不快に感じているようなら使わないようにする、親が急に子どものからだに触らずに、洗う順序や手順を予告してびっくりさせないようにする、皮膚《ひふ》感覚だけでなくにおいにも気をつけるなど、その子が何を不快に感じているのかを読み取り、その苦手な感覚に合わせて対応を考えるとよいでしょう。

「感覚探求」の場合は、言葉のかけ方に注意

感覚に偏りがあると、好きな手触りのものをずっと触り続けることがよくあります。これは、感覚の欲求を満たすため、刺激を過度に求める「感覚探求」という特性です。「性器を触る」ことで、この感覚の欲求を満たす子がときどきいます。

感覚探求は、苦手な刺激やストレスを感じているときに多く見られます。過度に性器を触る姿が気になって大人が声をかけても、感覚探求として行っているときは外部の刺激を遮断するため、聞こえていないこともあります。それを、「聞いていない」「無視している」と大人が勘違いして、一度強く注意すると、「性器は汚くて、触ってはダメなもの」だと思い込んでしまう可能性があります。

結果として、男の子だと、おしっこをするときに性器を触れなくなるなどのトラブルが出てくることもあるので、言葉のかけ方に注意が必要です。

悩み 疑問 3

男の子同士で性器を見せ合っていたら、なんと伝えたらいい？

プライベートゾーンについて子どもと確認を

小学校低学年くらいまでは、互いのからだに興味があり、恥ずかしいという感覚がまだ育つ途中のため、男の子たちがあそびの中で性器を見せ合うという行為が出てくることがあります。

まず、その場では「大事なところだから、おちんちんはパンツの中にしまっておこうね」と声をかけます。そして、プライベートゾーンは自分だけの大事なところで、友達が見たり、友達のを見たり、触ったりしないということを、子どもたちと確認しておきましょう（えほんP.2参照）。

子どもの関係性を確認し、身を守る術を伝える

性器を見せ合う行為が、「力関係のある間柄」で行われている場合は注意が必要です。

対応のPoint

- 「プライベートゾーン」について話をする。
- 性器を見せ合う行為がどのような関係性で行われているか確認する。
- 性的な被害から身を守る術を子どもに伝える。

例えば、2学年くらい差があったり、知的な差があったり、「これをあげるから見せて」「見せてくれないと一緒にあそんであげないよ」といった脅しがあったりする場合、その後も**その関係性の中で同じ行為が繰り返され、被害と加害の関係になっていく可能性があります。**

また、そのような力関係を使う子自身が、誰かに無理矢理性器を見られた経験があるかもしれない、という心配もあります。園や学校の先生に相談したり、相手がわかっていれば、できれば相手の保護者とも話をしたりして、状況を把握することができるとよいでしょう。

そして、子どもには、たとえ友達からでも「おちんちんを見せて」と言われたら、「いや」と言ってもいいこと、逃げてもいいこと、誰かに話してもいいことを伝えておきましょう。「自分を守る力は自分の中にもあるし、1人で守らなくてもいいし、誰かに助けてもらってもいいんだ」という感覚を子どもが小さいときから育んでいくことが、とても大切です。

ヒント PLUS！

羞《しゅう》恥《ち》心《しん》が育ちにくい子どもの理解とかかわり

「羞恥心」をもつことは、犯罪から身を守ることにつながる

羞恥心とは「自らを恥ずかしいと感じる心」で、他者と自分の違いがわかってくる3～4歳前後に育ってくると言われています。

羞恥心をもつことは、盗撮などの犯罪から身を守ることにもつながります。携帯電話で簡単に写真が撮れて、人に送ることができる時代です。子どもを事件から守るためにも、性に関する正しい羞恥心を育てたいものです。

「ルール」として伝えていく

しかし、実際には「おしりや性器を見せ合う」、「パンツをはかないで走り回る」といったことが、恥ずかしいと感じられる子と、感じられない子がいます。

他者に興味をもちにくい、感情がわかりにくいタイプの子にとって、「自らの行為を恥ずかしい」と感じて、理解するのは難しいことです。また、人の立場に立ってものごとを

とらえたり考えたりする「他者視点」をもつことが困難なため、「恥ずかしい」という感覚の理解が難しい場合もあります。

その場合は、大人が感情的に「パンツをはかないのは恥ずかしいことだから、やっちゃダメ!」と言ったり、「恥ずかしい」という言葉を繰り返したりしても、伝わりにくいかもしれません。むしろ、シンプルに「周りに人がいるときは、パンツをはく」というように、「ルール」として教えるのがよいでしょう。

そして、すぐにできなかったとしても、「失敗するのはダメなこと・恥ずかしいこと」と感じさせるような言葉かけは避け、「失敗は誰にでもあるから、今度頑張れば大丈夫」と伝えるようにしましょう。このことは、日常生活で生じるほかの失敗に対しても同様です。

衝動的に動いてしまう子には、気づけるような工夫を

考えるより前に直ちに行動をするタイプの子の場合、例えば、ズボンとパンツをはく前にトイレから出てきてしまうことがあります。羞恥心うんぬんの前に、「早くトイレから出てあそびたい!」といった気持ちが先行してしまうのです。

そのようなときは、子どもが「気づける」工夫が有効です。例えば、トイレのドアに「トイレからでるまえに、パンツとズボンをはこう」と書いた（もしくはそのことを絵で表した）紙をはっておく、トイレに行くときに大人が声をかけるなど、その子が「気づける」働きかけを考えるとよいでしょう。

悩み 疑問 4

子どもが私の胸を触りたがりますが、不快に感じてしまいます

お母さんのからだと気持ちも大切に

お母さんのからだはお母さんのもの。お母さんのプライベートゾーンも大切に守りたいところです。ですから、「胸を触られると不快」というお母さんの気持ちも大切です。「いや」「やめて」と伝えるのは子どもに悪いと感じたり、愛着に影響すると思ったりする人もいるかもしれませんが、それは違います。互いのからだや気持ちを大切にし合う関係を築くために、**親子の間で一線を引いておくのも大事なこと。**3歳くらいで言葉がわかるようになってきたら、「おっぱいはお母さんのプライベートゾーンだよ。だから触られるのはいやだな」「これはお母さんの大事な気持ち」と伝えてOKです。

人前で胸を触る場合

子どもにとっておっぱいを触って安心するのが習慣になっていると、そこから抜ける

対応のPoint
●お母さん自身のプライベートゾーン、気持ちも大切にする。
●お母さんも「いや」と伝えてOK。
●「人がいるところでは触らない」というマナーを伝える。

のはなかなか難しいことです。まだ子どもが小さいうちは、その気持ちを受け止めてあげたいと感じるお母さんもいるでしょう。ただ同時に、外で触られるのはちょっと……、と抵抗を感じることもあるのではないでしょうか。

基本的に**胸はプライベートゾーンなので、人がいるところでは触られないようにしておくのが望ましい**といえます。例えば、「一緒におふろに入っているときなら、おっぱいを触ってもいいよ。でも、服を着ているときはいやだな」「家の外ではおっぱいを触らないでね」と伝えるのもよいでしょう。胸に手が簡単に入らないような服を着るというのも一つの方法です。

一方で、お母さんの胸を触ることが親も子も当たり前になっていて、オープンにどこでも触る・触らせるという場合、周囲がびっくりしてしまうことも。**マナーとして、「人がいるところではやめておこう」という意識はもっておきたいもの**です。

また、子どもに胸を触られたときにおおげさに反応していると、それが楽しくて繰り返したり、園の先生や友達のお母さんの胸を触ったりするようなことも出てくる可能性があります。自分のプライベートゾーンも人のプライベートゾーンも大切にする意識を育てていきたいですね。

悩み 疑問 5

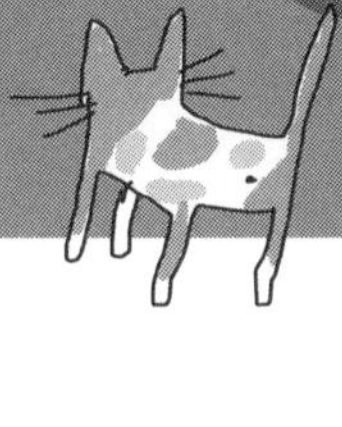

親が子どものおしりをふくのは、いつまで？

3歳頃になったら自分でふけるように

おなかの調子が悪いなど、体調不良のときは別ですが、できれば3歳くらいになったら自分で自分のおしりをふけるようにしておけるとよいですね。正しいふき方を少しずつ伝えていきましょう（えほんP.6参照）。

排便後は、紙をおしりに当てるようにしてふきます。ごしごしふくと、肛門のしわの間に便が入ってしまうことがあるので、数回押さえるようにして優しくふきましょう。

女の子の排尿の際も同様で、強くこすらずにポンポンと尿道口を押さえて、ついた尿をトイレットペーパーで吸い取る程度でOKです。また、便には大腸菌などの細菌が含まれています。特に女の子はふき取った便が膣や尿道に入らないよう、前から後ろに向かってふきましょう。男の子も便をふいた紙を前に持ってくると、陰のうのしわの間に便が入ってしまうことがあるので、やはり同様に「前から後ろ」が基本です。

そのためには、手をおしり側に回してふいたほうがよいとも言われていますが、特に

対応のPoint
- 3歳頃から、自分でおしりをふくように伝える。
- 正しいふき方を親子で確認。
- 「きれいにふく」以上に、「自分でふく」意識を大切に。

子どもの場合、手が届かないこともあるでしょう。前から手を入れてふく場合、「ふいた紙をおなかのほうに引っ張ってこないようにしようね」と伝えましょう。

自分のからだは自分で管理できるように

「排便のあとは、きれいにふかないと」と思いがちですが、それ以上に大事なのは「子どもが自分でやってみる」ということ。小学生になっても大人にふいてもらっていたら、公園など、いつもふいてくれる人がいない所で排便したときはどうしたらよいでしょうか。「ふいてあげようか?」と見知らぬ大人に声をかけられ、被害につながることもあり得ます。

自分のプライベートゾーンは人には触らせない。**自分のからだは自分で管理する。そういう意識を育てていくのに、「自分でおしりをふく」経験も一つのきっかけ**になります。トイレは極めて個人的な空間です。子どもが自分で排尿・排泄ができ、おしりをふくことができるようになったら、親が一緒にトイレに入るのを控えたほうがよいでしょう。誰かが自分のプライベートゾーンを見ること、ふれること、誰かが一緒にトイレに入ることに違和感をもつ感覚を育てていきましょう。

悩み 疑問 6

親子で一緒におふろに入るのは、いつまで？

「いや」という気持ちが一つの判断基準

おふろは大切なリラックスタイムで、親子で交流できる時間でもあります。家のおふろの場合、からだが変化してくる思春期前くらいまでは、どちらかが「いや」と感じなければ一緒に入ってかまいません。子どもが「恥ずかしいから1人でおふろに入りたい」と言う、大人が子どもと一緒に入るのに抵抗を感じる、といった場合は、その気持ちを尊重してください。ただし、小さい子はおふろでおぼれることがあるため、様子を確認するなど注意しましょう。

また、きょうだいだけでおふろに入る場合、からだの違いに興味をもって見せ合ったり、触り合ったりすることがあるので、プライベートゾーンの話をしておくことは欠かせません（えほんP.2参照）。特に年齢差がある場合に多いですが、性加害・被害に及ぶケースも報告されており、注意が必要です。**「からだつきが変わってきたな」と思ったら、「そろそろ1人で入ろうか」と声をかけていくとよい**でしょう。

おふろに一緒に入れる間に、大人から伝えてほしいこと

おふろはからだのしくみや性の話がしやすい場所です。親子で一緒に入れるうちに、そのようなコミュニケーションを取るきっかけの場にできるとよいですね。

例えば、性器を含むからだの名称を教えるのもよいでしょう。また、互いの性器を見たり触ったりしないことや、誰かに見られそうになったり触られそうになったら、「いや」と言うことなど、ぜひプライベートゾーンの話をしてほしいと思います。

「自分で洗う」も3歳頃から

P.72で「3歳頃から自分でおしりをふけるようにしておけるとよい」と述べましたが、からだを洗うのも3歳頃から自分でできるようにすることが望ましいです。背中や頭など、まだ手が届かなかったり、顔に水がかかったりする部分は大人が洗うのもOKですが、特に性器やおしりなどのプライベートゾーンは自分で洗うようにしていきましょう(身体的な介助が必要な場合は別)。**親であっても、子どものプライベートゾーンに気軽にふれることのないように意識**しましょう。いつまでも親が性器を洗っていると、ほか

の人が触ってもいいところと思ってしまいます。洗い方については、えほんP.4・6を参考にしてください。

石けんでゴシゴシ洗いすぎると、肌のバリア機能が低下してしまうことがあります。シャワーで流すだけでもきれいになるので、からだのすみからすみまできれいに洗わせようという意識よりも、まず**自分で洗おうとする子どもの気持ちを大切にしてください。**

公衆浴場で伝えたいマナー

厚生労働省が策定している『公衆浴場における衛生等管理要領等』が2020年12月に改正され、公衆浴場、旅館などにおける混浴制限年齢の目安が「おおむね10歳以上」から「おおむね7歳以上」に引き下げられました。また、混浴の基準は各自治体の条例でも明記されています。

性教育の観点から、子どもたちに伝えたい公衆浴場でのマナーがいくつかあります。

一つ目は、女の子は浴場の床に直にベタッと座らないということ。雑菌や細菌が絶対いないとは限らないので、**性器が直接当たるような姿勢は避けたい**ところです。できればイスにしっかり水を流してから座るか、床に座るなら正座をするよう伝えましょう。

対応のPoint

●からだつきが変わる頃までに、1人で入れるように声をかける。
●おふろの時間にからだのしくみやプライベートゾーンの話を。
●3歳頃から自分でからだを洗うように働きかける。
●子どもへの性犯罪を念頭に置き、公衆の場でのマナーを伝える。

二つ目は、**プライベートゾーンはできるだけ人に見せない意識をもつ**ということ。小さい子は無防備なので難しいかもしれませんが、子どものからだに興味をもつ大人や性犯罪者がいるのも事実です。浴場や脱衣所でそういう視線から守るために、「○○ちゃんの大切なところだから、早くパンツをはこうね」などと伝えていきましょう。そして、家族以外の人がいる浴場にはできるだけ子どもだけでは入らず、大人がそばで見守るようにしてください。性犯罪の加害者は男性であることが多く、被害者は女性が多いことを考えると、できれば女の子を男湯に入れることは避けたほうがよいでしょう。

これは浴場に限らず、プールや公園での水あそびも同様です。夏は気分も開放的になるので、裸であそんでいる子どもを見かけることもありますが、必ず水着などを着て、着替えるときも周りへの配慮をするようにしましょう。

残念ながら、特に日本は子どもの裸の画像がお金になる国です。携帯電話のカメラの性能が上がり、遠くの被写体も鮮明に撮影できて、それが簡単にインターネット上で広まってしまいます。公の場では、子どもの性を利用しようとする人がいるということを大人が常に意識しておく必要があります。また、ふだんからプライベートゾーンに関する約束を子どもと確認しておくことが、防犯にもおおいにつながります。

子どもとキスしちゃダメですか？

病気の感染の観点から、唇同士のキスは避ける

子どものほっぺやおでこにキスをするのはOKですが、口はプライベートゾーンです。大きく二つの理由から、子どもの唇にキスすることは避けましょう。

一つ目の理由は衛生面の問題。大人と子どもの間で唾液の移行があれば、虫歯菌や歯周病菌のやり取りにつながります。免疫力の弱い0～5歳児くらいの乳幼児期の子どもは、大人がピロリ菌をもっていれば、ピロリ菌の経口感染もあり得ます。子どもとのはしやスプーンの共有には気をつけている家庭も多いと思いますが、同じような意味で唇へのキスは避けたいところです。

性被害・加害につながることを視野に入れておく

もう一つの理由は、性被害と加害の問題です。当たり前のように親子間やきょうだい間で唇へのキスをしていると、外で子どもが誰かからキスをされたときに、その子が幼

対応のPoint
●二つの理由から、親子でも唇へのキスは避ける。
①病気の感染／②性被害・加害につながる可能性

ければ幼いほど違和感をもつことができません。それが被害につながり、エスカレートしていくことがあります。唇は粘膜の一種です。粘膜同士の接触というのは、性的な意味合いをもちます。親子間であっても、一線を引いておくことは大切です。愛情はハグや言葉で伝えるなど、違う方法で示していけるとよいですね。

また、その子にとって「好き」の表現が唇へのキスで定着すると、自分が気に入った子にも同じようにしてしまい、園や学校でトラブルになることもあります。意図せず加害者になってしまう可能性があるということです。

えほんP.2の「プライベートゾーン」の絵を親子で見ながら、口もプライベートゾーンの一つであることを確認しておきましょう。

アニメの影響などで憧れをもつ場合

アニメなどで、お姫様と王子様がキスをする場面を見て憧れをもち、まねをしてキスをしたがる子もいます。そんなときは、「お姫様も、王子様も、誰とでもキスしているわけじゃないよね」「口と口のキスは、特別な人とだけの特別なキスなんだよ」などと話をしてもよいかもしれませんね。

外出先で、子どもが1人でトイレに行っても大丈夫？

女の子も男の子も被害に遭う

1人でトイレに行けるようになると、自分がお姉さん、お兄さんになったように感じて、子どもは誇らしく思うものです。その気持ちは大事に受け止めたいところですが、スーパーや公園、駅、サービスエリアなどの外出先のトイレは注意が必要です。そういう場所のトイレで、子どもをターゲットにした性犯罪が行われるケースが、実際に多く報告されています。

「性犯罪」というと、女の子・女性が被害に遭うイメージが強く、つい、「男の子は1人でトイレに行っても大丈夫だろう」と大人も思ってしまいがちです。しかし、男性アイドルの事務所で多くの少年に対して性加害が行われてきたことが大きく報じられたように、男の子も被害に遭います。女の子も男の子も性被害に遭う可能性があることを、念頭に置いておいてください。

外出先のトイレでは、できるだけ目を離さない

男の子を狙う男性の性犯罪者にとって、男性用のトイレに潜むことは難しくありません。**本当は女の子を狙いたいけれど、難しいので男の子を狙う場合もあります。**実際に、ショッピングモールのトイレからなかなか帰ってこないので、様子を見に行くと、トイレで泣いていたということが起こっています。

トイレに親がついてくることをいやがる子もいますが、**小学校低学年くらいまでは完全に子ども1人で行くのではなく、できるだけトイレの入り口や個室の前まで大人が一緒に行く**、そこで「お父さん（お母さん）はここで待ってるよ」と伝えて個室やトイレの入り口前で待つ、「何かあったら、声を出してね」と声をかけておく、といったことを心がけ、目を離さないようにしておくと安全です。また、一緒に入ることができるファミリートイレがあれば、子どもが就学前など幼い場合は、そちらを使用するのがよいでしょう。

お店の外にトイレがある場合は、その道中も注意が必要です。人通りが少なく、そこで被害に遭ったり、連れ込まれたりということもあるので、できるだけ大人が付き添いましょう。

「何かあったときにどうするか」も確認

小学校高学年になってくると、だんだんと1人で行動することも増えてきます。また、小さい子であっても、常に大人が付き添うのは難しい場合もあるでしょう。そのため、「何かあったときに、どうしたらいいのか」を子ども自身が知っておくこともとても大切です。

まずは、P.67でも述べましたが、プライベートゾーンに何かされそうになったら「いや」と言ってもいいこと、逃げてもいいこと、誰かに話してもいいことを伝えましょう（えほんP.2参照）。

また、トイレの個室内にある緊急ボタンも、いざというときに使えます。一緒に確認しておくのもよいでしょう。実際に被害に遭ったときの対応は、P.84の「悩み・疑問9」を参照してください。

恐れる気持ちではなく、自分の力を信じる気持ちを育てる

このような暴力や犯罪の話を子どもにするとき、大人は心配がゆえに「こんなことをすると、こんな目に遭うよ」というように、警戒心を刺激するような話し方をしたり、

対応のPoint
- 外出先のトイレは、できるだけ子どもを1人きりで行かせない。
- 「何かあったときにどうするか」を、子どもと一緒に確認しておく。
- 子どもの「自分の力」を信じる気持ちを育てる。

実際に起こった被害の具体的な話をしたりしてしまいがちです。

子どもは不安や恐怖を強く感じると「怖い、どうしていいかわからない」と、何もできない状態になります。怖がらせすぎないように気をつけましょう。また、実際に被害に遭ったときに、「あれだけ気をつけるように言われていたのに……」と、子どもが自分を責めることにもつながりかねません。

ただ恐怖心や不信感をあおって、「怖いよね」で話を終わらせるのではなくて、**「大丈夫、あなたにもできることがあるよ」と声をかけ、「自分には力がある」というエンパワメントを感じられる話にしていくことが大事**です。

「こんなことができるよね」「こういう場合はどうする?」というように、先に述べたできることの選択肢を一緒に考え、シミュレーションしておくとよいでしょう。

親が子をずっと守ることはできません。「身を守るために、自分にもできることがあるんだ」という子どもの意識を育て、大人が少しずつ手を離していく視点ももっておきたいですね。

悩み 疑問 9

「性器を触られた」と子どもが言ってきました

落ち着いて話を聞く

子どもからこのようなことを言われたら、大人はびっくりしてしまいますよね。**子どもは大人のリアクションにとても敏感**です。お母さんやお父さんがショックを受けている様子を見て、「しまった、言うんじゃなかった」「お母さんを困らせちゃった」などと感じ、「やっぱりうそ!」と、自分が言ったことを打ち消すこともあります。大人は驚きやショックをなるべく見せずに、子どもの話を落ち着いて聞くことを心がけてください。

「あなたは悪くない」としっかり伝える

子どもの話を聞いたら、「話してくれてありがとう」「よく話してくれたね」と伝え、「それはいやだったね」「気持ち悪かったね」と共感し、寄り添ってください。

中には、自分があんな所に行ったから、あんなことをしたから……と、自分を責める子もいます。「あなたは全然悪くないよ」と、しっかりと伝えることも大事です。

根掘り葉掘り聞くのはNG

実際に何があったのか、子どもにある程度状況を聞くのはOKですが、根掘り葉掘り聞くのは避けてください。

幼児〜小学校低学年くらいの子だと、自分がされたことがどういうことだったのかを理解するのも、それを言葉で正確に説明するのもまだ難しいものです。子どもが言うことを否定せずに聞き、「なぜ?」「なんでそうなっちゃったの?」などと突っ込んで聞くのは控えましょう。問い詰められている、自分が責められていると感じる子もいます。

また、**大人が子どもに「こういうこと?」「この人がこうしたの?」というように聞きすぎると、子どもの記憶がそのように上書きされ、事実がわからなくなってしまうことがあります**。特に警察や児童相談所などによる事実確認が大事になるケースの場合は、注意が必要です。しつこく聞かないようにしましょう。

自分たちだけで抱え込まない

「性器を触られた」のが、友達とのあそびの中でのことなのか、深刻な状況だったのかによって対応は違いますが、いずれにしても、自分たちだけで抱え込まないようにしてください。同じことが起こらないように、**可能な範囲で正確な状況を把握し、子どものケアや今後の対応などを考えるために、関係施設や専門機関などにも相談**しましょう。

園や学校での友達同士のあそびやふざけの中で起こったことだと考えられる場合は、まずはクラスの担任と情報を共有するとよいでしょう。そして、子どもとプライベートゾーンのことを確認し、「また同じようなことがあったら、『いや』って言えるかな?」「先生に相談しようか」などと話をするとよいでしょう。

大人が子どもに対してそのような加害行為をした場合や、子ども同士だったとしても年齢差があって力関係や攻撃性が見られる場合などは、なるべく早く、警察や児童相談所・児童相談センターなどの専門機関に連絡をしてください。

性犯罪や性暴力の被害者のための相談窓口として「性犯罪・性暴力被害者のためのワンストップ支援センター」もあります。これは、総合的な支援（産婦人科医療・相談やカウンセリングなどの心理的な支援・捜査関連の支援・法的な支援）をできるかぎり1

か所で提供することで、被害者の心身の負担を減らすことを目的に設置された機関です。全国共通の電話番号「#8891」(携帯電話や固定電話から)にかけると、最寄りのセンターにつながります(つながらない場合は、近くのワンストップセンターに直接電話)。親だけで対応するのは難しいと感じたら、必ずどこかに相談をしてください。

子どもが何度も同じ話をする場合

一度話をした後でも、子どもが何回も同じ話をしてくることがあります。「ある程度、この件は解決した」と大人が感じていても、その都度、よく話を聞きましょう。「そのことは忘れようね」「もう前のことだよね」と言うのではなく、「いやだったよね」「やっぱり、気持ち悪かったよね」と子どもの気持ちを受け止め、寄り添って話を聞きます。

話をすることは、内にあるものを外に出して手放すことにもなり、子どもの心の回復にとって重要です。話をすることは、回復へのステップを一段階進められている、ということでもあるのです。大人のほうからわざわざ蒸し返して聞く必要はありませんが、**自ら話をする子には何度でも耳を傾けましょう。**

ただ、あまりに話を繰り返す頻度が多かったり、話し方に強いおびえが見られたり、いつもとは違う行動が伴ったりしている場合は、家族だけで対応するのは難しいです。そのようなときは、先ほど紹介した専門機関とも連携して、子どもをサポートしていきましょう。

被害を受けても言わない子の場合

子どもによっては、被害を受けても自分から言わない子もいます。その場合も、なんらかの表出が見られることがあるので、**「いつもと違う」様子が見られたら、親としての、「あれ？　何かあったのかな？」という感覚を大事にしてください。**

例えば、「最近、あまりおやつを食べないね」「いつもより静かだけど、何か気になることがある？」など、「あなたの様子が違うことに、私は気づいていますよ」というメッセージを伝えることで、子どもが話をしやすくなることもあります。

また、自分がされたことをあそびの中で再現する（人形の性器を触る、性的な行為のまねをする）、卑猥な絵を描く、言葉を口にするという形で表出してくることもあります。突然そのような言動が見られるようになったときは、性的な被害を受けた可能性を念頭に置いて対応したほうがよい場合もあります。

対応のPoint
- 落ち着いて話を聞いて「あなたは悪くない」としっかり伝える。
- 根掘り葉掘り聞かない。
- 自分たちだけで抱え込まず、専門機関とも連携する。
- 「大人に話してよかった」と子どもが感じられるように対応する。

子どもが「大人に話してよかった」と感じられるように

幼い子の場合、相談しようとして話すのではなくて、話題の一つとしてさらっと話をすることがあるかもしれませんが、子どもが話したことを大人がしっかり受け止めてくれた、一緒に考えてくれた、そのことで元気になれた、という経験を積んでいくことは、とても大切です。それは、今後子どもが困ったときに誰かに「相談する力」にもつながっていく、重要な経験です。

また、「子どもの話を聞くのは、親でなければならない」と思う必要はありません。子どもが保育者や先生、信頼するほかの大人に話したとき、「なんで最初に親である私に言ってくれなかったんだろう」ととらえるのではなく、「話せる人がいてよかった」と受け止められるとよいですね。

子どもには、親だからこそ言えないこともあります。「先生に話せてよかったね」と、相談ができたことをともに喜びましょう。そして、「お母さんも、お父さんも、力になりたいと思っているよ」というように、いつでも子どもの味方であることを伝えたいですね。

ヒント PLUS!

性暴力の意外な現実

大人が現状を把握し、アンテナを張っておく

子どもを対象とした性暴力は、子どもに認識・説明する力が備わっていなかったり、大人によるコントロールがあったりして、表に出にくい傾向があります。身近にある子どもへの性暴力について大人が現状を知り、日常の中で意識をもっておくことが、子どもを守ることにつながります。ここで、子どもへの性暴力に関する押さえどころをお伝えします。

●知っている人が加害者の場合がある

未成年の性被害については、さまざまな調査がなされています。加害者は見知らぬ人のほか、家族や顔見知り（親族、親の交際相手、同級生、教職員、習い事の先生など）といった身近な人や、SNSを通じて知り合った人などによる性加害が少なくない現状が浮かび上がっています。学校や塾、幼稚園・保育園といった教育・保育現場で起きていることも、多くの保護者に衝撃を与えています。

親としては、自分がよく知る人から我が子が性被害を受けたという事実は受け入れがたく、子どもの言うことを疑ってしまうことがあるかもしれません。

特に、言葉で説明がまだ難しい幼児の場合はなおさらですが、P.84で解説しているように、まずは子どもの話を落ち着いて聞きましょう。

●性別に関係なく被害に遭う

本書で何回か述べているように、男の子も女の子も被害に遭います。

男の子が被害に遭うという認識が、女の子の被害に比べて世の中に浸透していなかったため、言っても信じてもらえないと思って相談できないケースもあり、男の子の被害のほうが表面化しにくいという傾向があります。

●加害者から身を守るには

加害者が子どもを脅し、秘密を強要することがあります。「怖い気持ちになる秘密は守る必要がない」と子どもにしっかりと伝えておきましょう。

さらに、その場で子どもが「いや」と言うのも有効です。加害者が怖れを抱き、手を出しにくくなります。「無理強いはしていない」「合意していた」という言い訳もできなくなります。

ただし、実際被害に遭った場面で「いや」と言えないのはよくあること。「そのとき、なんで言わなかったの！」と子どもを責めるのは厳禁です。どんな場合でも、悪いのは加害者なのです。

悩み 疑問 10

子どもが友達のパンツを下げるあそびをしているようです……

怒らずに、まずは事実を確認

園や学校の先生から、またはクラスメートの保護者から「○○くんがふざけて友達のパンツを下げている」という話を聞いたとき、またはわが子から直接そういう話を聞いたとき、思わずしかってしまいそうになるかもしれませんが、まずは事実の確認をしましょう。

落ち着いて話す場を設けて、「ちょっと話したいことがあるよ」「こういうことがあったと聞いたけど、どうなのかな?」と尋ね、直接子どもの口から説明を聞きます。**「どうしてそんなことをしちゃったの?」などと怒って問い詰めると、子どもは心のシャッターを閉めてしまいます。**状況を把握するためにも、できるだけ穏やかに話をしましょう。そして、「そういうことをしようと思ったのはどうして?」「どういう気持ちだったのかな?」というように、その子の気持ちにクローズアップしていきます。

もし、子どもが「そんなことやってない!」と言ったら、ひとまず「そうなんだね、やってないんだね」と受け止めます。思わず「そんなことないでしょ!」「やったんでしょ!」と言いたくなってしまうかもしれませんが、ここはグッとこらえましょう。

そして、えほんP.1の「『からだ』はだれのもの?」も参考に、「友達のからだは友達のもの」であることを確認し、P.2にあるプライベートゾーンの話をします。「これはとっても大事なことだから、覚えておいてね」と伝え、いったんひと区切りにします。

どうしたらいいかを一緒に考える

子どもが素直に認めた場合も、プライベートゾーンのことなどを伝えたうえで、同じことをしないためにどうしたらいいかを確認します。また、友達に謝りに行くなど、自分がやったことの責任をどうとるかということも一緒に考えましょう。

子どもは、自分がされたことをほかの人に同じように試してみることがあります。自分もやられたからやり返した、誰かに無理矢理パンツを下げられたことがあるなど、その子自身も被害を受けていたのであれば、そこに対するケアも必要です。P.84の「悩み・疑問9」で述べたように、その子の話を共感的に聞き、必要な場合は専門家にも相談しましょう。

対応のPoint

●怒らずに事実を確認し、プライベートゾーンのことを改めて伝える。
●同じことをしないためにどうしたらいいかを子どもと一緒に考える。
●本人も被害に遭っていた場合は、そこに対するケアを行う。
●「あそびやふざけで性を使わない」という大原則を親子で確認する。

「あそびやふざけで性を使わない」は大原則

「互いにやっているから」「あそびでやっているだけ」と言う子もいるかもしれません。みんなの前で友達のズボンやパンツを下げる、スカートをめくる、といったことをふざけてやる子もいます。その場のノリで、周りにウケるから……。大人が「まあ、これくらいのことは……」「あそびだし」と容認する意識がある場合もあります。

やる側はあそびのつもりでも、やられているほうはそうではないことも多いでしょう。**その子の心が傷ついたなら、それはまぎれもない暴力**です。また、そのときはよくわからなくても、成長してその場面を振り返ったときに、心が深く傷つくこともあります。暴力というのは、「殴る・蹴る」だけではなく、**性器に対する暴力、性のことで心が傷つく暴力は「性暴力」**です。子どもが小さいうちから、そういう「暴力」について考えたり、「暴力」について親子間で話せるようにしておくことは、とても大切です。

そして、「あそびやふざけで性を使わない」という大原則を、親子で確認しておきましょう。大人側も、からだや性をネタにしたからかいや行動には気をつけましょう。

ヒントPLUS!

人の気持ちを読み取りにくい子どもの理解とかかわり

「相手が『いや』と言うことはやらない」と、繰り返し伝える

自分の行為を相手がいやがっていることや、相手がいやだと感じている感覚がわからずに、人へのかかわりがしつこくなってしまう子がいます。これは、例えば、「デブ」「ブス」といった、相手のからだや容姿をからかう言葉を平気で言う姿にもつながりかねません。

そういう場合は「相手が『いや』と言うことはやらないよ（言わないよ）」「『いや』『やめて』と言われたら、やめようね」というルールを繰り返し伝え、家庭内や園・学校と連携し、それを徹底していくことが大切です。忘れていたら、「どういうルールだったっけ？」とリマインドする言葉をかけましょう。

また、相手の子も、本当はいやなんだけど「いや」と言えずにいたり、どうしたらよいかわからず、なんとなくその場では笑ってしまったりすることもあります。できれば相手の子にも「いやなことは『いや』と言ってOK」と伝え、「○○ちゃんが△△したときは、『い

やだよ』と教えてあげてね」と伝えていきましょう。「いや」と言う練習も大切です。

「パーソナルスペース」を教える

とても人なつこく、かかわりたい気持ちが強くて、相手が戸惑ってしまうほどからだをべたべた触ったり、顔の距離が近かったりする子もいます。そのような接触の仕方は、性被害・加害の両方を引き起こしてしまうリスクもあるため、相手との適切な距離のとり方を教えることが大切です。

人には「心地よい・安全と感じる相手との距離感覚＝パーソナルスペース」があります。例えば、「腕を広げて、手が○○ちゃんにぶつからない所に立とうね」というように、具体的に伝えるのも一つの方法です。

また、感覚を強く求めるがゆえに、突然近くにいる子のからだ（二の腕など）を触る子もいます。そのときは、先に述べたように、まず「○○ちゃんがいやがっているよ」「急に触るとびっくりしちゃうからやめようね」などと伝えましょう。そして、その子が求める感覚に近いもの（柔らかいクッションボールなど）を渡すのが有効であることもあります。

できていないことを指摘するばかりだと、子どもは自分が否定されたと感じ、さらに行動の悪循環になってしまうこともあります。相手がいやがることをするのをやめた、程よい距離を保てているという姿が見られたら、積極的に「いいね！」とプラスの言葉かけをすることも意識しましょう。

PART 4

少し先を生きる子どもたちの姿から

ここまで、幼児～小学校低学年頃の子どもたちを想定して話をしてきました。
この章では、思春期を生きる子どもたちの
性にまつわる悩みやトラブルなどを取り上げます。
エピソードは、実際に多く聞かれる子どもたちの悩みから創作しています。
少し先を見て、今、親子間で何を大切にしていくとよいかを
考えてみましょう。

case 1

Aさん
12歳
小学6年生

自撮り写真をネットにアップして知り合った人に、裸の写真を送ってしまう

Aさんは、クラスメートとコミュニケーションを取るのが苦手で、不登校気味。やることがなく、SNSで自撮りの写真をアップしていると、複数の人が「いいね！」と反応してくれるのがうれしくて、多くの時間をSNSに費やすようになりました。

ある男性がAさんの写真にコメントをしたのをきっかけに、個人的にメッセージをやり取りするようになりました。その人は気持ちに寄り添ってくれて、Aさんは「初めて人から優しくされた」と感じていました。

ある日、その人から「下着姿の写真を送って」と頼まれました。少しためらいましたが、Aさんは要求されたとおり写真を送りました。男性はとても褒めてくれて、「裸の写真も送って」と連絡してきました。Aさんは男性が喜ぶのがうれしくて、また写真を送ってしまいました。

思春期保健相談の立場から

●船津裕子

小学生のときから、正しいSNSの使い方を教えておく

実社会に安心・安全な居場所がなく、SNSの世界に居場所を見出したAさん。SNSも実社会の一部ではありますが、見知らぬ人と、その人がどういう人かわからないまますぐにつながってしまう特殊性があります。小さいうちから親の携帯などでSNSに接しており、インターネットや通信機器が生活に欠かせない現代社会において、もはや、SNSは思春期の子どもたちにとっても不可欠なものです。親が育った時代にはなかったからといって、「SNSなんてやっちゃダメ」などと言うのではなく、**今の時代に合った正しいSNSの使い方を、子どもが小学生のうちからリテラシーとして身につけておくことが大事**です。

個人情報や裸の写真を公開・送付しない、悪口を書き込まない、SNSのメッセージ機能で個人的に連絡を取り合うのは実際につき合いのある人だけにする、SNSにある情報が真実とは限らないことを念頭に置いておくなど、必ず親子で約束しておきましょう。

SNSに潜む「グルーミング」の怖さ

グルーミングは「動物の毛づくろい」という意味があり、性犯罪の文脈で言う場合、**「性**

※思春期保健相談……思春期の子どもたちに、思春期保健相談士が専門的な知識経験を踏まえて適切に対応し、サポートします。

加害を目的に相手の弱みにつけ込んで近づき、うまく誘導して信頼を得ること」を指します。

Aさんは SNS でのやり取りだけで男性を信頼し、期待に応えたくて裸の写真を送りました。そこには、せっかく見つけた居場所がなくなるのは耐えられない、といった孤独への恐怖もあったかもしれません。グルーミングを目的に SNS などのインターネットやオンラインゲームをサーフィンしている人がおり、そういう人はつけ込むポイントに敏感です。他人や親の悪口の書き込み、自撮り写真などから**子どもが抱えている孤独感や不満、承認欲求を読み取って巧みに近づき、おだてたり優しくしたりして関係を築き、性的な画像を送らせるようにもっていく**のです。これは「自画撮り被害」と呼ばれており、児童ポルノ被害の中で多くの割合を占めています。被害者は中学生・高校生が多いですが、小学生も増えており、女子も男子も被害に遭っています。

流出した画像は販売・拡散されることもあるため削除・回収が難しく、大きな問題になっています。デジタルタトゥーとして残ってしまうため、その後も精神的苦痛をもたらすことがあります。

また、「今度は会いにおいでよ」と要求がエスカレートしたり、脅迫してきたりする恐れもあるため、周囲の大人の早い気づきと介入が必要です。

その子なりの「理由」を、まずは受け止める

実際にAさんと似た被害を受けて、**「優しくされてうれしかった」「話を聞いてくれる人を失いたくなかった」と発言する子がおり、警察に「同意があった」と見なされてしまう**こともあります。それほどに、強い孤独感や自信のなさを感じている子どもたちがいます。

このような子の話を聞くときに大切なのは、否定をしないこと。生きるためにぎりぎりのところでSNSにつながった子、自分に価値があると思えないと生きていけないから写真を送った子もいます。生きるために必死にとった行動は否定できません。まずは「そうだったんだね」と受け止め、その子の行動の背景を知るところから向き合っていきましょう。

思春期は自信のなさから葛藤が生じやすい時期ですが、今はSNSですぐに「いいね」と承認され、人間関係の築き方が未熟であっても簡単に不特定の人とつながってしまいます。そのうえ、裸の写真を人に渡したらどうなるかという想像力もまだ乏しい。そういうことが相まって、問題が大きくなってしまいます。先ほど、周囲の大人の気づきと介入が必要と述べましたが、こういったケースでは、親子間のコミュニケーションがあまりうまくいっていない場合も多いのが現状です。子どもが小さい頃から、いろいろなことを話せる関係を親子間で築くことが、とても重要になってきます。

◆高山恵子　心理学の立場から

「ありのままの自分を大切に思う気持ち」を育む

ためらいながらも、下着姿の写真を送ってしまうのは、強い承認欲求があり、「自分は価値のある人間」と感じたいからでしょう。このように自分は大切な存在だと感じたい欲求を「セルフエスティーム（以下SE）欲求」といい、「真のSE」と「他律的なSE」があります。

真のSEは「ありのままの自分に自信をもち、自分を大切にしようとする自尊感情」。この気持ちが育っていると、つらいことに直面しても、自分は価値のある人間だと感じられます。一方、**他律的なSEは、「周囲からの評価などに依存して高まる自尊感情」**。Aさんは、誰かから褒められると高まり、注目が得られないと低くなるというような、後者の「不安定なSE（他律的なSE）」が満たされている状態といえます。幼児期からしっかりと真のSEを形成していくことが生きていく土台となり、将来自分を大切にする力になります。

親子間のコミュニケーションがカギに―「四つの視点」―

子どもの真のSEを育むために大切なポイントの一つは、子どもへの「マイナスの言動」を減らすことです。そのためには、大人が困ったと感じる子どもの言動について、「どうしてそうしたのか？」を四つの視点で分析すると、とらえ方が変わってきます。

例えば、子どもに「片付けようね」と何回も言っているのに、ちっとも片付けません。この姿を**「①聞いていないから」「②うっかり」「③わからないから」「④わざと（注目を引きたくて）」という四つの視点**※**で見直す**と、①は近くで注目をさせてから話す。②は「何をやるんだっけ？」と確認する。③は「人形をこの箱に入れようね」と具体的に説明する。④はその子に注目する機会を増やすというように、必要なかかわりが見えてきます。この視点は、Aさん**が裸の写真を送る行動は「わざと」に分類され、注目を得たい思いを満たすかかわりが必要というように、性的な問題をあえて起こす心理の理解にも生かす**ことができます。

必ずしも一つの言動に一つの要因ではなく、この四つで説明がつかないこともありますが、大切なのはいろいろな方向から子どもをとらえ、思いに近づこうとすること。するとしかることが減り、子どもの言動が変化すれば一緒に喜ぶことができます。「できたら褒める」かかわりだけだと、他律的なSEを促しかねません。「失敗しても大丈夫」というまなざしで、うまくいかないときにどうしたらいいかを一緒に考えることが、真のSEを育みます。

また、子どもへのマイナスの言動を減らすと共に、子どもへのプラスの言葉かけを意識することも大事です。それには「誕生日」がよいきっかけになります。「生まれてきてくれてありがとう」と感謝を伝えることで、親子間の絆をアップデートしていきましょう。

※「子どもの行動分析をする四つの視点」を紹介した冊子『子育てストレスを減らす3つのヒント』はこちらで無料閲覧・ダウンロードが可能。https://e-club.jp/wp2020/wp-content/uploads/2020/06/kosodatestress20107.pdf

case 2

Bさん
16歳
高校2年生

「NO」が言えず、避妊なしの性行為を繰り返してしまう

Bさんと高校の部活で一緒だった先輩が大学生になり、夏休みに帰省したときに「久しぶりに会おう」と誘ってくれたので、一緒にショッピングセンターに行きました。

帰りの車の中でキスをされ、そのまま「いや」と言い出せず、避妊なしでセックスをしてしまいました。キスまではいいかなと思っていたけれど、セックスまでは考えていなかったので、Bさんはびっくりし、後悔しました。

しかし、後日また何度か誘われ、どうしても断れず、同じことを繰り返してしまいました。妊娠や性感染症を心配するBさんですが、親や友達に相談することはできず、婦人科を受診しようかと悩んでいます。

思春期保健相談の立場から

●船津裕子

アイメッセージで「NO」を伝える

「NO」と言うと場がしらける、相手に嫌われると思って、望まない性行為を繰り返し、そんな自分を責めてしまう思春期の子どもたちはたくさんいます。相談の場では、「これ以上はNO」「今日はNO」と言っていいし、「私は、セックスはしたくない」と、「アイ（I）メッセージ」で伝えようと話します。アイメッセージは相手を批判することなく、自分を主語にして意思や要望を伝えるコミュニケーション方法です。

また、**子どもたちに伝えたいのは、「NOを言えて、それを受け入れられてこその信頼関係。そういう対等な関係性を相手と築いてほしい」ということ。**勇気をもって「NO」と言ったのに否定されて、望まないことをされるというのは支配関係です。「命令・強制して、従うと優しくする」というサイクルはDVの要因にもなります。「NO」を認め合える関係をつくってほしい。それは、どの人間関係においても大切なことです。

からだと心の自己決定権を守る理念―「SRHR」―

すべての人の「性」と「生き方」に関わる重要な理念として、「性と生殖に関する健康と権利：Sexual and Reproductive Health and Rights（略：ＳＲＨＲ）」※があります。**性やからだのことを自分で決め、守る権利があるという概念**で、四つの考え方が含まれています。

静岡県発行の「大切にしよう自分の身体と権利」では、次のように説明されています。

●**セクシュアル・ヘルス（Ｓ）**……自分の「性」に関することについて、心身ともに満たされて幸せを感じられ、またその状態を社会的に認められていること。

●**セクシュアル・ライツ（Ｒ）**……性のあり方を自分で決める権利で、自分のプライバシー、自分の性的な快楽や自分の性のあり方を自分で決められること。

●**リプロダクティブ・ヘルス（Ｈ）**……妊娠・出産など生殖に関わるすべてにおいて、単に病気がないだけではなく、身体的、精神的、社会的に完全に良好な状態（＝ウエルビーイング）であること。

●**リプロダクティブ・ライツ（Ｒ）**……産む・産まない、いつ・何人子どもを持つかなど、生殖に関することを自分で決める権利で、そのために必要なサービスを得られること。

セックスをしたら妊娠する可能性があるし、性感染症にかかるなど、望まないことも起こりうる。そういう正しい情報をもった上で自分で決めて実行していくことの大切さを、相談室ではＳＲＨＲの考え方を交えて話しています。

※「SRHR」を紹介しているパンフレット「大切にしよう自分の身体と権利」（静岡県くらし・環境部県民生活局　男女共同参画課　発行）は、こちらで無料閲覧・ダウンロードが可能。
https://www.pref.shizuoka.jp/_res/projects/default_project/_page_/001/060/472/sr2/srhr2024.pdf

心理学の立場から

愛着関係が相談する力を育む

◆高山恵子

Bさんは大きな不安を抱えながら、それを誰にも相談できずにいます。困ったことを相談する、助けを求める経験が不足したまま思春期を迎え、誰にどういうタイミングで相談したらよいかがわからない、という子どもたちがいます。結局、インターネットの中に答えを求めても、膨大な玉石混交の情報の中から必要なことを選べずに飲み込まれてしまい、ときにはグルーミングや犯罪に巻き込まれる怖さもあります。リアルな世界でリアルに人に相談する。これは、小さいときから培っていきたい経験です。

そのためには、まず、幼いときに身近な大人と愛着関係が形成されていることが重要になってきます。不安を感じて泣いたらお母さんが抱きしめてくれた、「できないから手伝って」と言ったら助けてくれた。そういうやり取りの積み重ねによって、**「人を頼ってもいい」「困ったら助けてくれる人がいる」という基本的信頼感をもつことができると、それが子どもにとっての安全基地になり、いろいろなことを話せる関係性を構築していくことができます。**そういうベースができていれば、親が忙しくて子どもからの発信にときには対応できなかったとしても、「お母さんは忙しいだけで、自分が嫌われているのではない」ことを理解し、「料理が終わったら話そう」といった判断ができるようになります。信頼関係が築けていない中で、子どものSOSに対応しないでいると、「助けを求めても助けてもらえない」「無視されるのはつらいからSOSを出すのはもうやめよう」となってしまいます。

小さいときから「困ったことを人に伝える」練習をサポート

もう一つ重要なのが、困ったときに自分で対処する力をつけること。親以外の人に相談して、自己決断することが自立につながります。これも、小さい頃からの積み重ねが大事です。例えば、レストランで子どもがスプーンを落としたとき。親が店員に新しいスプーンを頼むのではなくて、子どもが店員に「新しいスプーンをください」と頼む、といったことです。

日常の中に、子どもが自分で助けを求める練習ができる機会がたくさんあるはずです。困ったときにすべて親が解決するのではなくて、少しずつ子どもに委ね、それをサポートしていくかかわりを意識してみてください。

大人は「傾聴」の練習を

子どもが人に相談できないというとき、「言うと怒られるから」「相手をがっかりさせてしまうから」という理由も多く挙がります。Bさんのケースのような内容を聞いたら、親としては「うちの子に限って！」と感情が高ぶり、「そんなことしちゃダメ！」と言いたくなるかもしれませんが、それをしてしまうと「もう親に話すのはやめよう」となってしまいます。

ここでポイントになるのが「傾聴」です。話を聞いていると、つい、「それはおかしい」「こうしたほうがいいよ」と口を挟みたくなりますが、ただじっと相手の話に耳を傾ける、「そうなんだね」と相手の話を受け止める話の聴き方に徹するのです。

傾聴や自己主張の練習ができるカードゲーム※があり、社会性を育む教材として活用することがあります。質問カードをめくって答える人以外の参加者はしっかり傾聴し、順次カードをめくるゲームです。そのルールの一つが、「人の話を評価せず、ただ聴く」ということ。話者が話しやすいようにうなずくなどの非言語のコミュニケーションはＯＫですが、言葉は発しません。このゲームをやると、普段意外と傾聴できていなかったと気づく人も多くいます。一日中傾聴するのは難しいことですが、１日15分くらい、このゲームをやっている間は傾聴を意識する、というふうにすると、大人側はよい練習ができます。

P.１０２で「セルフエスティーム」の話をしましたが、**子どもが本音で話したことを傾聴することで、真のＳＥが高まります。**普段の生活の中で、子どもの話を評価せずに聴くことを、ぜひ意識してみてください。

※コミュニケーションカードゲーム『ちょこっとチャット』は、園児〜小学生用や保護者用などがあります。
販売元：NPO法人えじそんくらぶ　https://e-club.jp/goods/chat/

case 3

Cさん
15歳
中学3年生

自分の性に対して違和感があり、部屋に引きこもるように

Cさんは、保育園の頃からスカートをはきたいのに「男の子なんだからズボンをはきなさい」と親に言われ、もやもやした気持ちをもっていました。そのことを誰にも言えないまま中学生になり、今、自分のからだが変化していくことに恐怖を感じています。

男子トイレに入ることに抵抗があり、プールの時間も苦痛を感じているCさん。だんだん学校にいづらくなり、家族とも話をしたくなくて、部屋に引きこもるようになりました。

Cさんは自分のからだを変えたくてインターネットで調べたものの、手術をするのは怖いと感じ、女性として生きていく覚悟もまだありません。これからどうしたらいいのか、将来に希望がもてず、葛藤しています。

思春期保健相談の立場から

●船津裕子

一人ひとり違う中にみんないる――「SOGIESC」の考え方――

性のあり方は多様であることを表す「SOGIE（ソジー）」・「SOGIESC（ソジエスク）」という言葉があり、「SOGIESC」は、次の四つの要素で性のあり方を表しています。

●セクシュアル・オリエンテーション（SO）……好きになる性。性愛の対象がどのような性の相手に向かうか。恋愛・性的な感情をもたないことも含む。

●ジェンダー・アイデンティティ（GI）……心の性。自分の性をどう認識しているか。

●ジェンダー・エクスプレッション（E）……表現する性。服装や言葉づかい、行動などを通して、自分がどのように性を表現したいか。

●セックス・キャラクタリスティックス（SC）……からだの性。自分のからだがもつ性、外性器などから判断される性。

「ここに属すか・属さないか」「マジョリティ・マイノリティ」というふうに線引きするのではなく、**すべての人がグラデーションの中にいて、一人ひとりがちょっとずつ違う、というとらえ方がベース**になっています。

特に思春期の子は気持ちの振れ幅が大きくなり、性に対する思いも大きく揺れる時期。自身の性に違和感をもった子が、一生同じ違和感をもち続けるとは限らず、「昨日は心の性が女性寄りだったけど、今日は男性寄りで少年みたいな気分」というように、日々グラデーションを描くものです。「自分は人と違うんじゃないか」と不安を感じている子には、SOGIESCの考え方と共に「そもそも一人ひとりが違うんだよ」と伝えると、ちょっと安心するようです。現代の多様な性のとらえ方の一つとして、大人も知っておきたい概念です。

カミングアウトを受け止めるとき

Cさんのように、4、5歳の頃から自分の性に違和感をもっている子どもたちがいます。ずっと抱えてきた思いを否定されたり、うそだと言われたりすることは、子どもに絶望感をもたせるくらいのショックを与えてしまいます。

子どもがカミングアウトをしてきたら、聞いた大人は、「言ってくれてありがとう」と伝えてほしいと思います。驚きやショック、いろいろな感情がわいてくるかもしれませんが、勇気を出して話をしてくれた子どもの気持ちを否定せず、まずは「そうなんだね」と受け止めてください。そして、「SOGIESCという考え方があるんだって。あなたが感じていることは不思議なことではないかもしれないね」「不安だったね」「そういう違和感があるとつらいね」と、その子の不安やいやだと感じていることに寄り添えるとよいでしょう。

一つ注意したいのは、**カミングアウトされた内容をほかの人に勝手に話さない**ということ。子どもの話を聞いて混乱し、誰かに相談したくなるかもしれませんが、これはとても繊細な話です。必ず「お父さん（お母さん）にも伝えていい?」と本人に聞いて、了承を得ましょう。「お母さんには話すけど、お父さんには話したくない」のであれば、それはその子の自己決定です。**自分の心を誰に告げるかは、子どもが決める。**そのことを尊重したいですね。

思春期はまだ慎重に見守って

Cさんは手術も頭にあるようですが、先ほど述べたように、まだ自身の性のとらえ方が固まっていないですし、実際に手術を検討する段階になると、2人以上の医師による診断が必要になります。**本当に性別違和なのか、それとも精神の不調などほかの病気の影響なのか見極めが大事で、その判断は難しい**とされています。なので、中学生の段階ではまだまだ慎重に様子を見ていく必要があり、Cさんにもそのように伝えておいたほうがよいでしょう。

あまり焦らず、でもその違和感を大事にしながら話をしていきましょう。厚生労働省による補助金事業で、性別の違和についての電話相談窓口「よりそいホットライン」といったサービスを利用することを検討するのもよいでしょう。

心理学の立場から

◆高山恵子

自分らしく生きられないことのつらさを傾聴する

コミュニティーに適応するために、ありのままの自分を隠して、周囲と同じように振る舞う行動を、「社会的カモフラージュ行動」と呼びます。Cさんは、男子トイレに行くのが苦痛でしかたがないけれど、誰にも言えず、周りに合わせて行動してきました。「こうありたい自分」や本当にやりたいことを過剰に我慢して**周囲に合わせ、頑張りすぎてしまう（過剰適応）状態は非常に強いストレスをもたらし、うつなどになりやすい傾向**があります。

自分らしく生きられないと、P.102で述べた「真のセルフエスティーム」が著しく下がり、自分は価値のない人間だと感じてしまう。そうすると、Cさんのように社会と距離を置くようになったり、場合によっては、自殺を考えるといった、深刻な状態に追い詰められたりしてしまうこともあります。今の状況を打破するためには、親や支援者など、誰か1人でもCさんの話に耳を傾けて、Cさんが安心して自己開示できることが重要です。

子どもの話や気持ちに同感でなくとも、共感を示す

子どもは、「相手が話を聴いてくれる」という感覚がもてないと、話そうとしません。P.

109で解説した「傾聴」の姿勢で、口を挟んだり評価したりせず、しっかり聴いてもらっていると子どもが感じられるように耳を傾けましょう。そして、もう一つ意識したいのは、「共感を示す」こと。**子どものつらい気持ちに対して共感を示すと、安心感をもたらします。**例えば、目を見つめてうなずく、ハグをする、涙をぬぐう、という非言語的なメッセージでも、共感を示すことができます。

また、聴き手の価値観と感情は横に置いて、子どもが感じていることを言葉にすることも、共感を示す一つの方法です。「あなたは、男子トイレに行くときにいやな感じがするんだね」と言語化することで、子どもが「自分の気持ちを受け止めてもらえた」と感じられることが大事です。子どもの気持ちと同じにならなければいけない、と思う必要はありません。「共感」と「同感」は違います。同感は自分と相手の感情や価値観がイコールですが、共感を示すというのは、同感にならなくても、相手の気持ちを受け止めて寄り添うということです。

親子であっても「あなたはあなた。私は私」。違う人間ですから、同じ思い・視点を共有するのは難しいことです。そういう、「価値観の違い」があるときこそ、共感が大切。その感覚が、親自身の多様性の理解と受容にもつながっていきます。

おわりに

佐々木睦美

私が性教育を始めたのは約20年前のことです。子どもが暴力から自分の心とからだを守るためのプログラム、「CAP」に出合い、暴力について学ぶ中で、性暴力被害の深刻さを知りました。学生時代に性教育をテーマに選んで学んだこともあり、性教育によって性暴力の被害を少しでも減らすことはできないかと考えましたが、性の話を扱うことに正直抵抗もあって、「どこから何をしたら?」と思っていました。そんな中で、当時カナダからたびたび来日されていたメグ・ヒックリングさんの性教育講座を親子で受ける機会がありました。まさに、目からうろこが落ちるとはこのこと。改めて、「性を科学のこととしてとらえると、こんなにも明るく楽しく学ぶことができるんだ!」と衝撃を受けました。保健師という専門職でありながら、心のどこかにあった「恥ずかしい」「いやらしい」という思いが消え去りました。以後、自信をもってからだや性のことを語ることができるようになり、今に至ります。

私は小学校や中学校で話をすることが多いのですが、以前は中学生から「よくあんな恥ずかしいことが平気で言えますね」という感想をもらっていました。私が恥ずかしくなくても、子どもたちにはそれが伝わっていなかったのですね。

その後、話の冒頭で「私はプロですから、性やからだの話を恥ずかしいとはまったく思っていません。皆さんも安心して聞いてください」のひと言を入れました。すると、話の内容は変わらないのに、「プロってかっこいいですね」「私もプロになりたいです」といった感想をもらうようになり、私自身とても驚きました。思いをもつだけでなく、言語化していくことの大切さを実感しました。

私の性教育は、「からだは誰のもの?」の問いかけから始めます。小・中学生ともに、「『自分のからだは自分のもの』と言ってもらえて、うれしかった」「『からだは誰のもの?』の話が一番印象に残った」というリアクションが少なくありません。

性暴力の話では、「心やからだが傷つくことが暴力であり、ズボン下ろしもまぎれもない暴力だ」と伝えると、「僕はそれが暴力と知らずに、今まで性暴力をしていました。やめたいです」といった感想が小学生から多く聞かれ、中学生の男の子からは「今日は、『暴力』とはっきり言ってもらえてうれしかった。ありがとうございました」などの感想が出ます。

また、「いやと感じていいんですね」「『いや』と言っていいんですね」「相談してもいいんですね」といった感想もあり、「大人があたりまえと思っていることが、子どもにとってそうではない」と感じることがしばしばあります。

いずれにしても、どれも子どもが小さいうちから大人が伝えていくことで、もっと早く気づき、学ぶことのできる内容です。そういった意味でも、今回この本の作成にかかわれたことをとてもうれしく思います。

性教育は、性器教育でも生殖教育でもなく、自分を大切にし、相手も大切にしながら幸せに生きていくためのもの。自分で選ぶ力をつけていくことでもあり、その力を得るためには、幼児期からの大人のかかわりが大事です。

また、幼児期はからだや性の話をするのに最も適した時期です。大人が身構えて特別なこと、難しいことと考える必要はありません。この本には、日常生活で使える言葉やヒントがたくさん書かれています。まず大人が読んで基本の知識を得たうえで、性を語るご自分の言葉を見つけてください。そしてお子さんといろいろな話をしてみてください。子どもの発想やものごとのとらえ方から、大人も予期せぬ学びが得られるかもしれません。それぞれの家庭でお子さんに合わせて工夫し、親子で楽しみながら性やからだのことを学んでください。

なお、今、家庭のありようは多様です。本の中では「お父さん」「お母さん」という表記になっていますが、それぞれの立場の言葉を使ってください。また、必ずしも親でなければならない、ということもありません。子どもにかかわるあらゆる方々に、この本を使ってもらえたらとてもうれしいです。

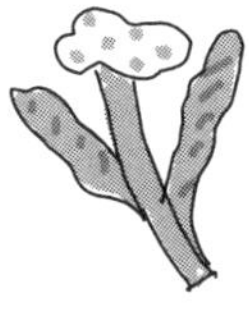

参考文献

『イラスト版 発達に遅れのある子どもと学ぶ性のはなし』 伊藤修毅編著 合同出版刊

『CAPへの招待』 CAPセンター・JAPAN編 田上時子・森田ゆり著 解放出版社刊

『国際セクシュアリティ教育ガイダンス【改訂版】』 ユネスコ編 浅井春夫・艮香織・田代美江子・福田和子・渡辺大輔訳 明石書店刊

『子どもへの性的虐待』 森田ゆり著 岩波書店刊

『子どもへの性暴力 その理解と支援』 藤森和美・野坂祐子編 誠信書房刊

『子どもを犯罪から守る』 内野真著 明石書店刊

『図説 人体の構造』 小田嶋梧郎著 メヂカルフレンド社刊

『続・発達障害のある女の子・女性の支援』 川上ちひろ・木谷秀勝編著 金子書房刊

『日本人体解剖学 第二巻』 金子丑之助著 南山堂刊

『発達が気になる子の性の話』 伊藤修毅監修 講談社刊

『発達障害・愛着障害・小児期逆境体験（ACE）のある親子支援ガイド』 高山恵子著 合同出版刊

『まじめなオチンチンの話』 矢島暎夫著 カンゼン刊

『ママも子どもも悪くない！ しからずにすむ子育てのヒント 新装版』 高山恵子著 Gakken刊

『メグさんの性教育読本』 メグ・ヒックリング著 三輪妙子訳 ビデオ・ドック発行 木犀社発売

『わかってほしい！ 気になる子』 田中康雄監修 Gakken刊

Deci, E. L., & Ryan, R. M. (1995). Human autonomy: The basis for true self-esteem., *Efficacy, agency, and self-esteem* (pp. 31-49). Plenum Press.

著者プロフィール

高山恵子 Keiko Takayama ● 著

NPO法人えじそんくらぶ代表。臨床心理士。アメリカ・トリニティー大学大学院教育学修士課程修了（幼児・児童教育、特殊教育専攻）。同大学院ガイダンスカウンセリング修士課程修了。専門はADHD児・者の教育とカウンセリング。当事者であり専門家でもある経験をいかし、ハーティック研究所を設立。教育関係者、保育者などを対象としたセミナー講師としても活躍中。著書に『ママも子どもも悪くない！しからずにすむ子育てのヒント　新装版』、『これならできる子育て支援！保育者のためのペアレントサポートプログラム』電子版（ともにGakken）など、著書多数。

佐々木睦美 Mutsumi Sasaki ● 著

看護師を経て、現在フリーの保健師として子どもの健診、子育て相談や性教育等に従事。1999年、CAP (Child Assault Prevention) スペシャリスト取得。CAPの活動をする中で、性暴力被害の深刻さを知り、性暴力防止の視点を入れた性教育ができないか模索。子ども向けには、幼稚園・保育所・小学校・中学校・特別支援学校・児童養護施設・母子支援施設・放課後等デイサービス、大人向けには、支援センター・幼稚園・保育所・こども園・各種施設職員・教職員・里親研修・発達特性を持つ子の親の会・町づくり協議会等で、年間約80講座を実施。

3歳から始める性教育

親子で話そう！性のこと

2024年 7月 10日　第1刷発行

著者 ● 高山恵子　佐々木睦美
発行人 ● 土屋 徹
編集人 ● 滝口勝弘
編集 ● 猿山智子
発行所 ● 株式会社 Gakken
〒141-8416 東京都品川区西五反田 2-11-8
印刷所 ● 中央精版印刷株式会社

この本に関する各種お問い合わせ先
●本の内容については、下記サイトのお問い合わせフォームよりお願いします。
https://www.corp-gakken.co.jp/contact/

【書店購入の場合】
●在庫については　TEL：03-6431-1250（販売部直通）
●不良品（落丁、乱丁）については　TEL：0570-000577
学研業務センター
〒354-0045 埼玉県入間郡三芳町上富279-1
【代理店購入の場合】
●在庫・不良品（落丁、乱丁）については
TEL：03-6431-1165（事業部直通）
●上記以外のお問い合わせは
TEL：0570-056-710（学研グループ総合案内）

staff

● 執筆協力
船津裕子
（薬剤師・思春期保健相談士、富士こども若者サポート with 理事、NPO 法人女性医療ネットワーク副理事長）

● 医療監修
船津雅幸
（船津クリニック院長、富士こども若者サポート with 代表理事）

● 企画・編集
中野明子

● デザイン
長谷川由美・千葉匠子

● 表紙イラスト
石川えりこ

● 本文イラスト
石川えりこ・有栖サチコ

● 巻末イラスト
有栖サチコ

● 校閲
（株）麦秋アートセンター

じぶんの からだを たいせつに する えほん

絵本でつながる親子タイムは、
とても大切な時間です。
やり取りを楽しみながら、性について、
からだのしくみについて、
子どもと一緒に読み進めてみましょう。
子どもの意見や感想を引き出し、
いろいろな質問が出てきたら、
そのときが最高の教え時です。
PART2も参考にして、
ぜひ会話を広げていってください。

※性器の図や名称は、子どもにわかりやすいように簡略化しています。
※軽く引っ張ると外れます。

「からだ」は だれの もの？

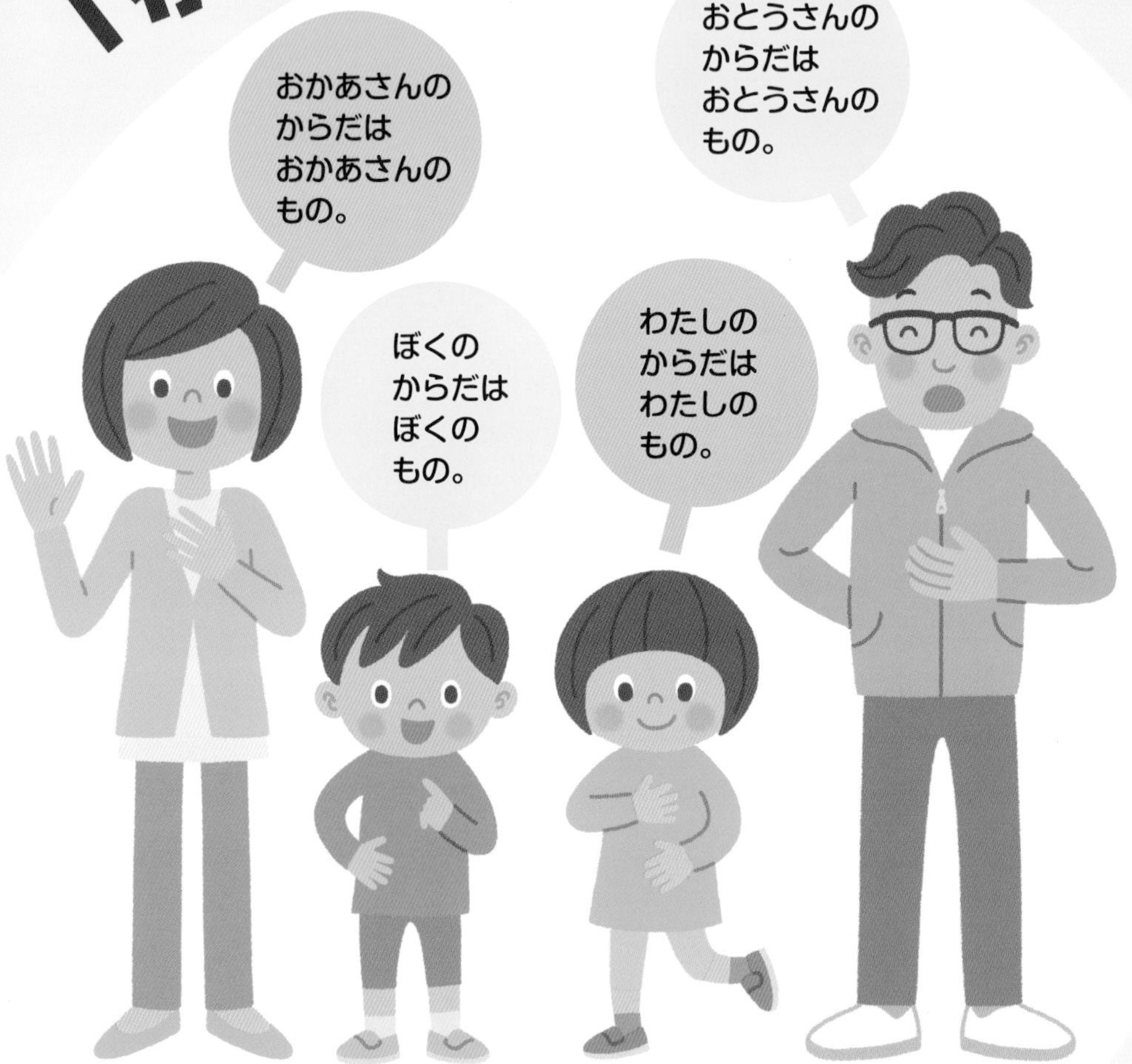
おかあさんの
からだは
おかあさんの
もの。
ぼくの
からだは
ぼくの
もの。
わたしの
からだは
わたしの
もの。
おとうさんの
からだは
おとうさんの
もの。

じぶんの からだは じぶんの もの
とっても たいせつな もの

からだは　ぜんぶ
とっても　たいせつ！
そのなかでも　とくべつな　ところが
「プライベートゾーン《ぷらいべえとぞおん》」

みずぎで
かくれて いる
ところ だね。
かくれて いない
くちや、
おとこのこの むねも
「プライベートゾーン《ぷらいべえとぞおん》」
だよ。
くち
むね
せいき
おしり

「プライベートゾーン《ぷらいべえとぞおん》」は　じぶんでは　ない　ひとが、かってに　みたり　さわったり　しない　ところ

なにかを　されそうに
なったら……
「いや」と　おもって
いいよ。

「いや」と
いっても いいよ！
にげても
いいよ！
だれかに
はなしても
いいよ！

「プライベートゾーン《ぷらいべえとぞおん》」って　どこ？

おとこのこ・おとこの ひとの からだ

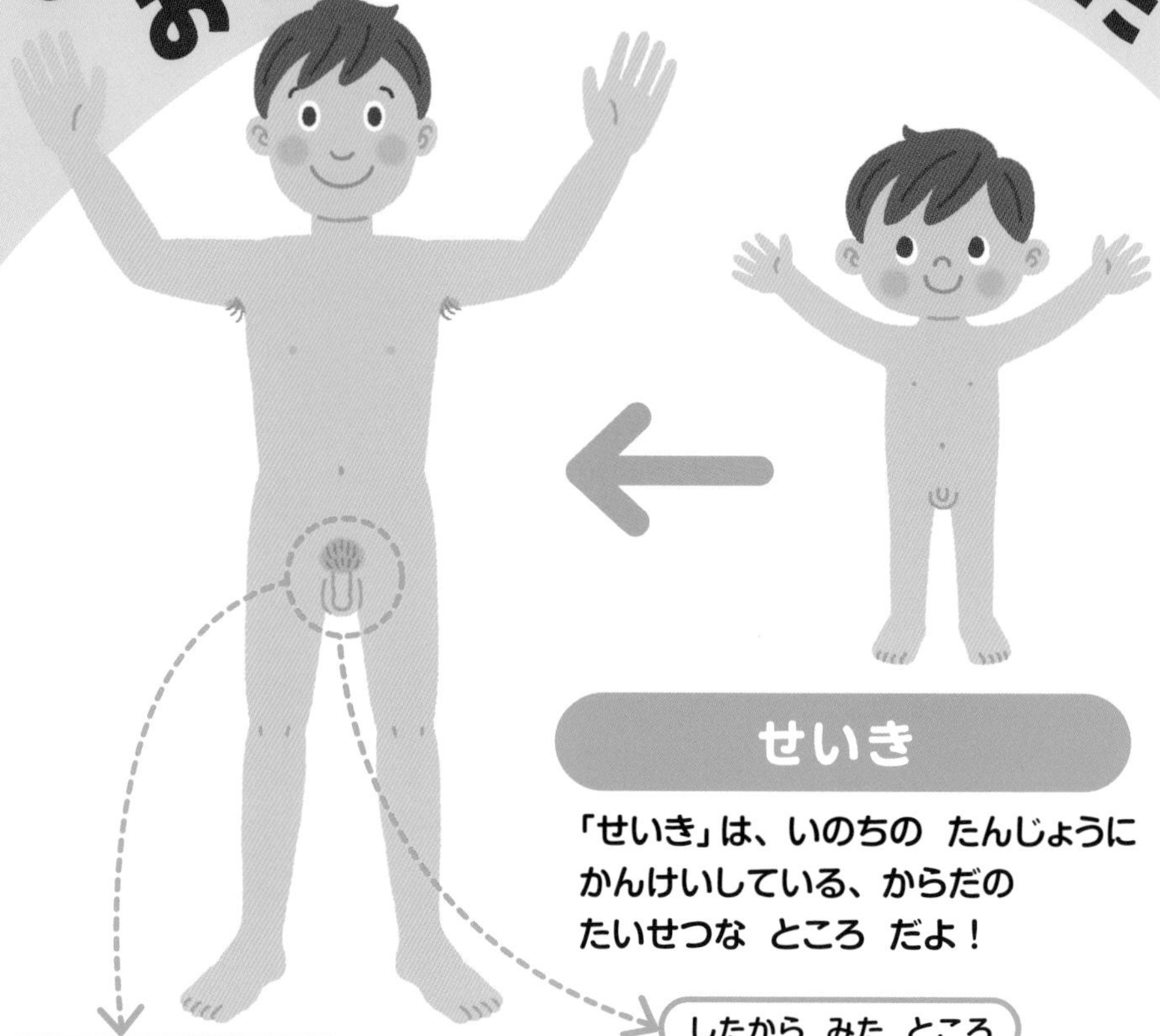

せいき

「せいき」は、いのちの たんじょうに
かんけいしている、からだの
たいせつな ところ だよ！

よこから みた ところ

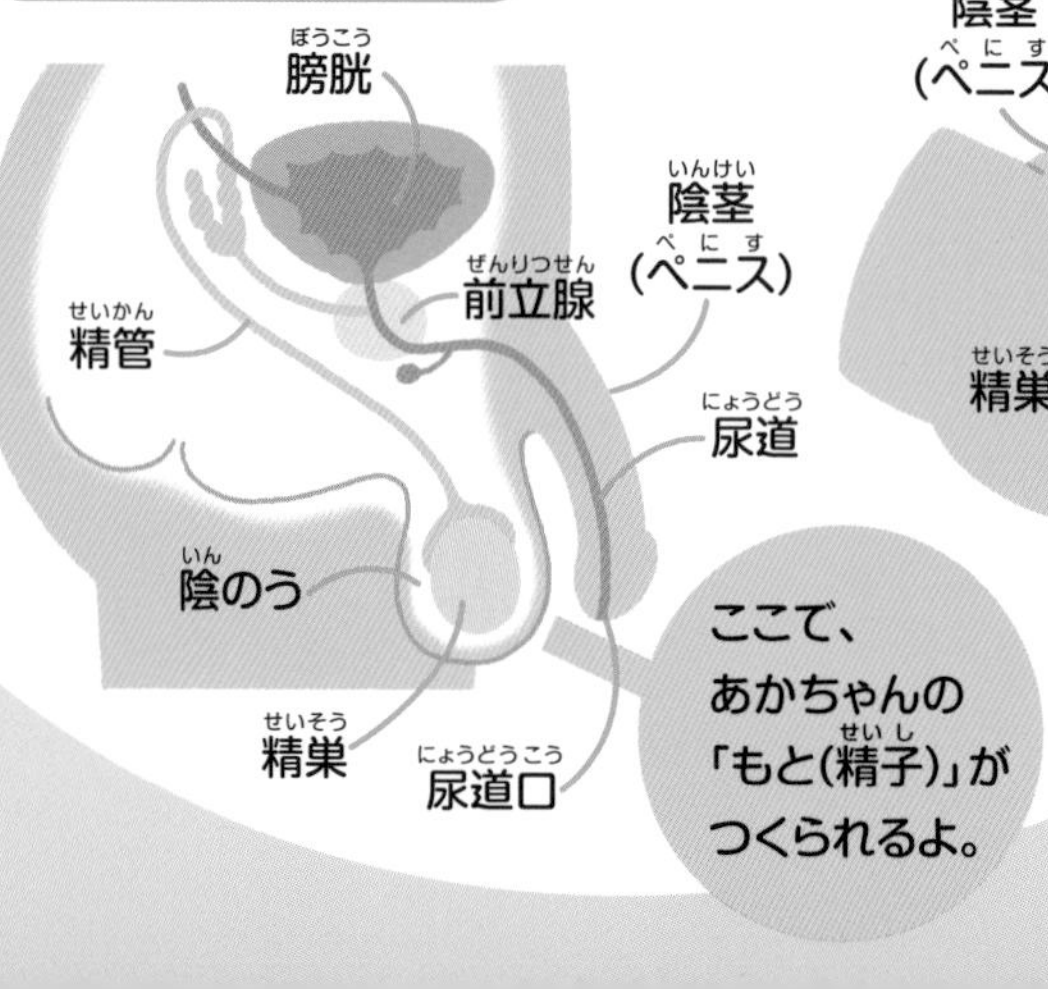

したから みた ところ

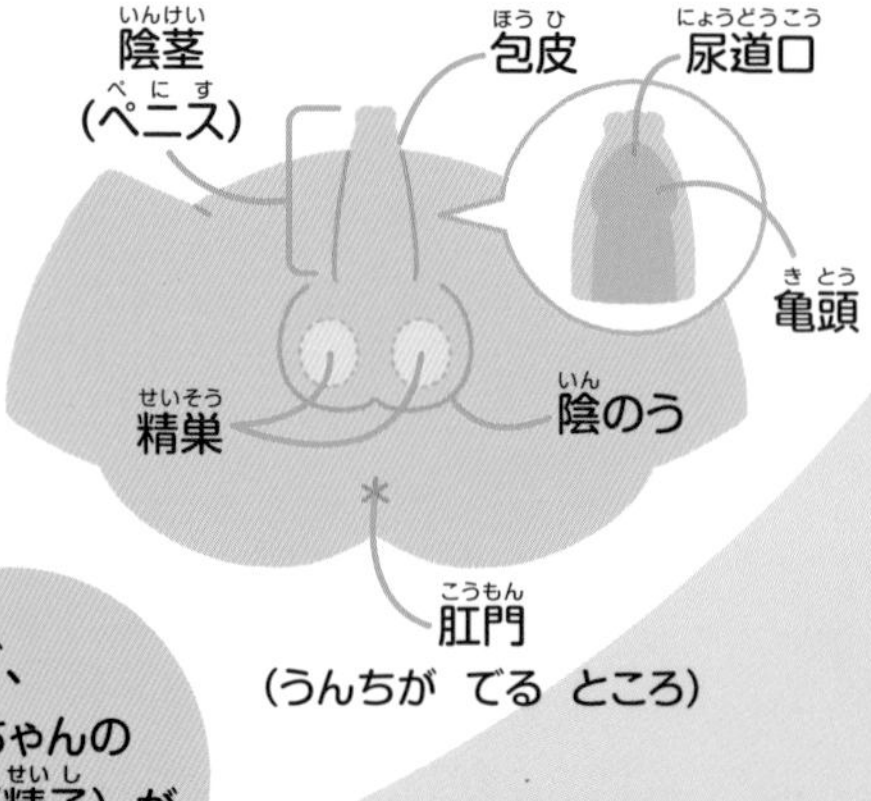

あらいかたを かくにん！

おちんちんの さきの
かわを すこし むいて、
おゆで ながそう。

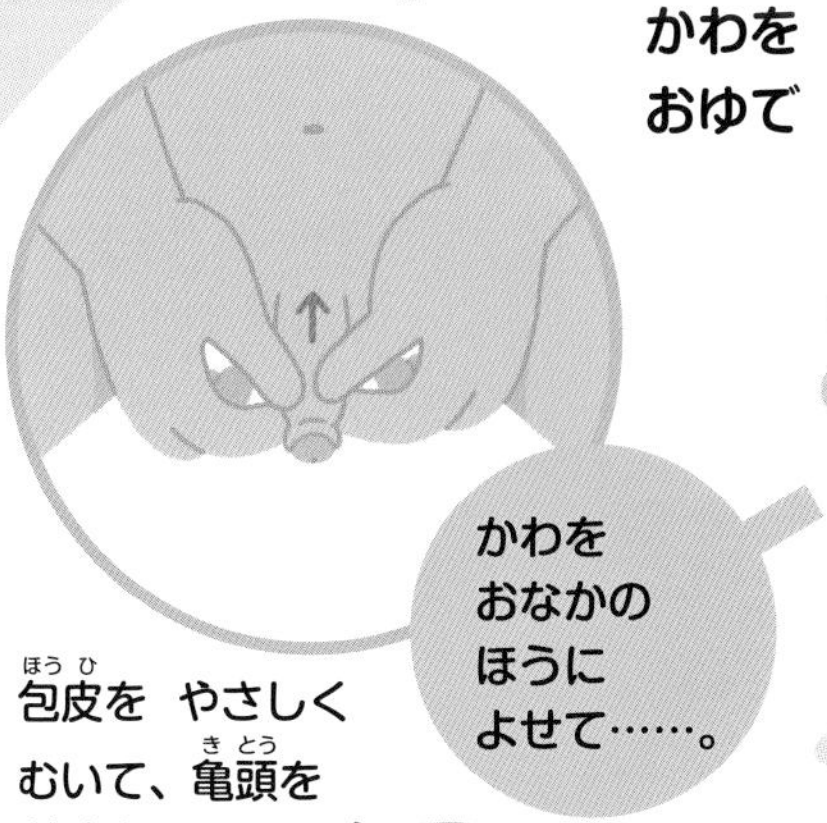

包皮《ほうひ》を やさしく
むいて、亀頭《きとう》を
だすよ。

かわに おおわれて いる ところに
よごれが たまって いるよ。
ゆびで きれいに あらおう。
せっけんを つかう ばあいは、
よく ながしてね。

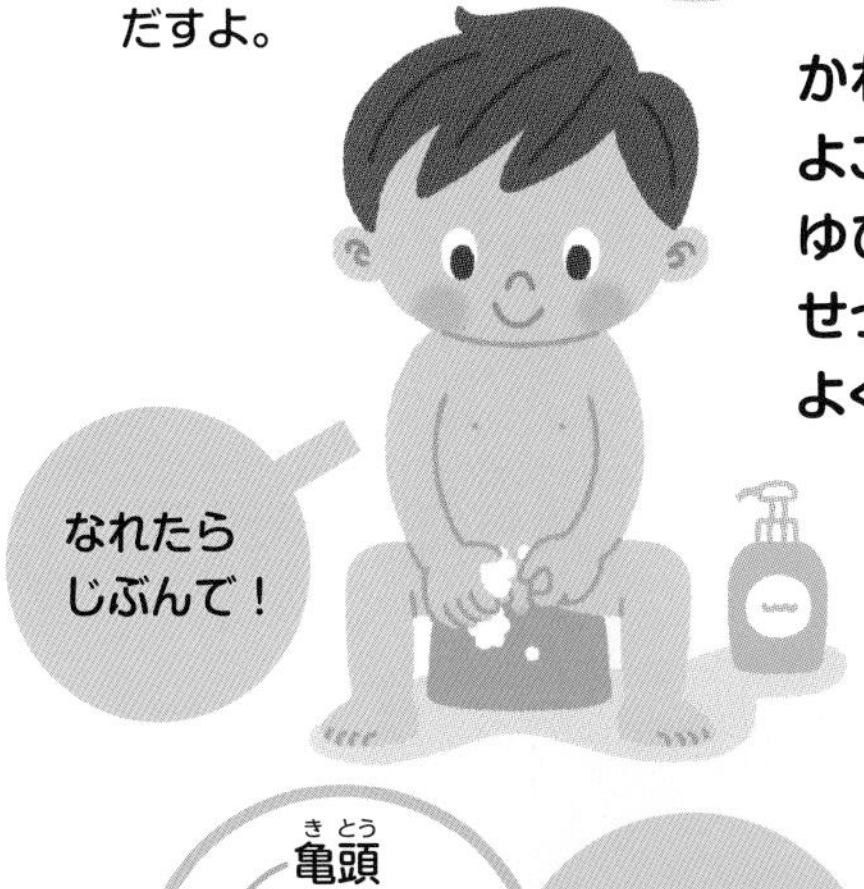

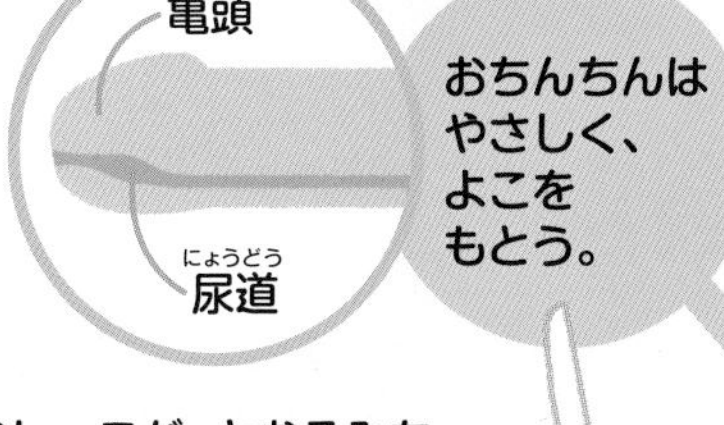

おしっこが とおるみち
(尿道《にょうどう》)は おちんちんの
したの ほうに ある から、
ズボン《ずぼん》や パンツ《ぱんつ》の ゴム《ごむ》が
あたって いると おしっこが
しっかり だせないよ。

おしっこの しかたも かくにん！

①ズボン《ずぼん》と パンツ《ぱんつ》を
しっかり おろす。

②おちんちんの かわを
おなかの ほうに ひきよせて、
尿道口《にょうどうこう》を だす。

③ねらいを さだめて
おしっこを する。

④おちんちんを ふって
しずくを おとしたら、
パンツ《ぱんつ》と ズボン《ずぼん》を はく。

※すわって おしっこを する
やりかたは、おとなに
おしえてもらおう。

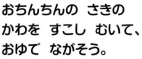

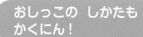

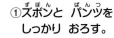

おんなのこ・おんなの ひとの からだ

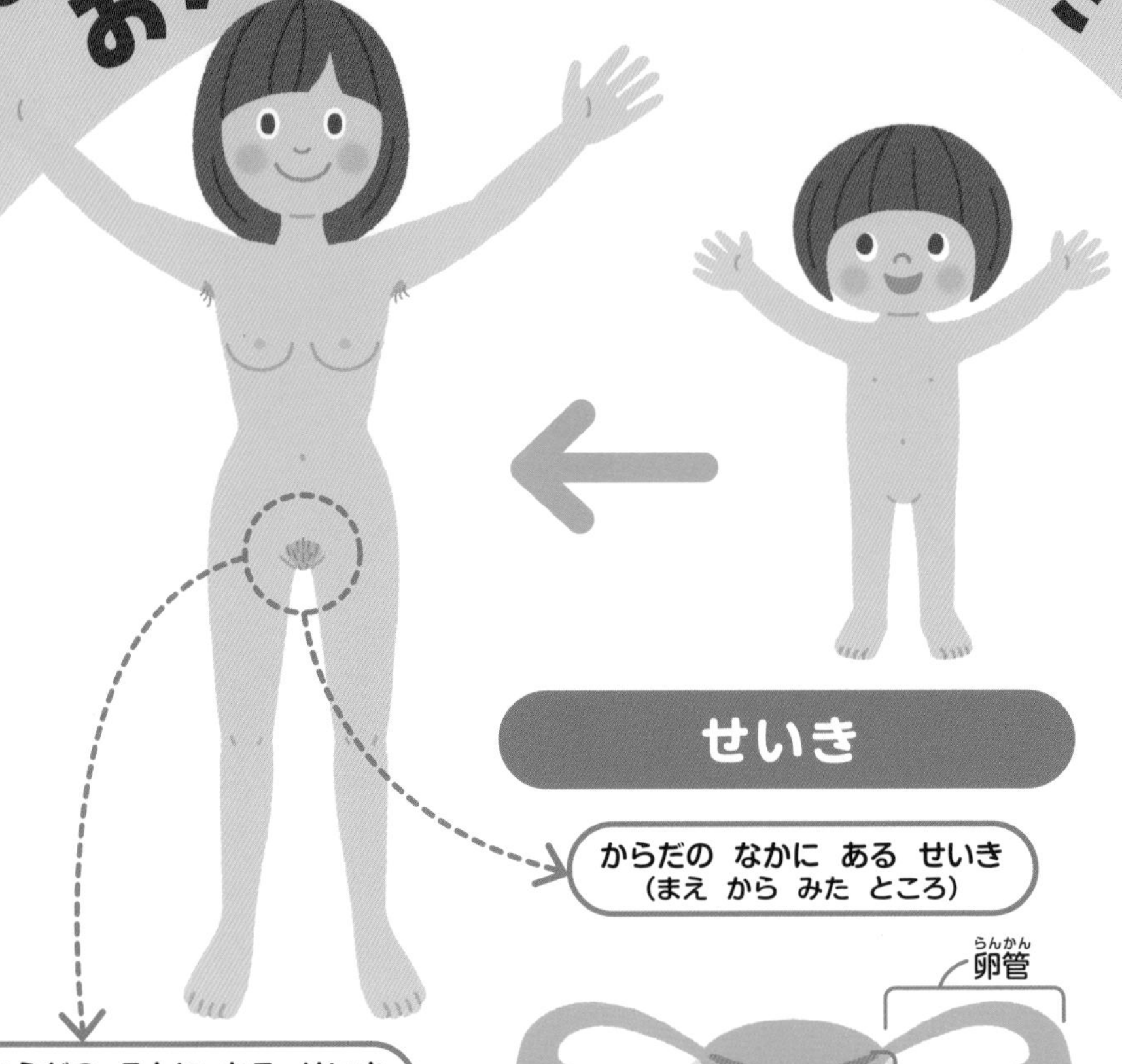

せいき

からだの なかに ある せいき
（まえ から みた ところ）

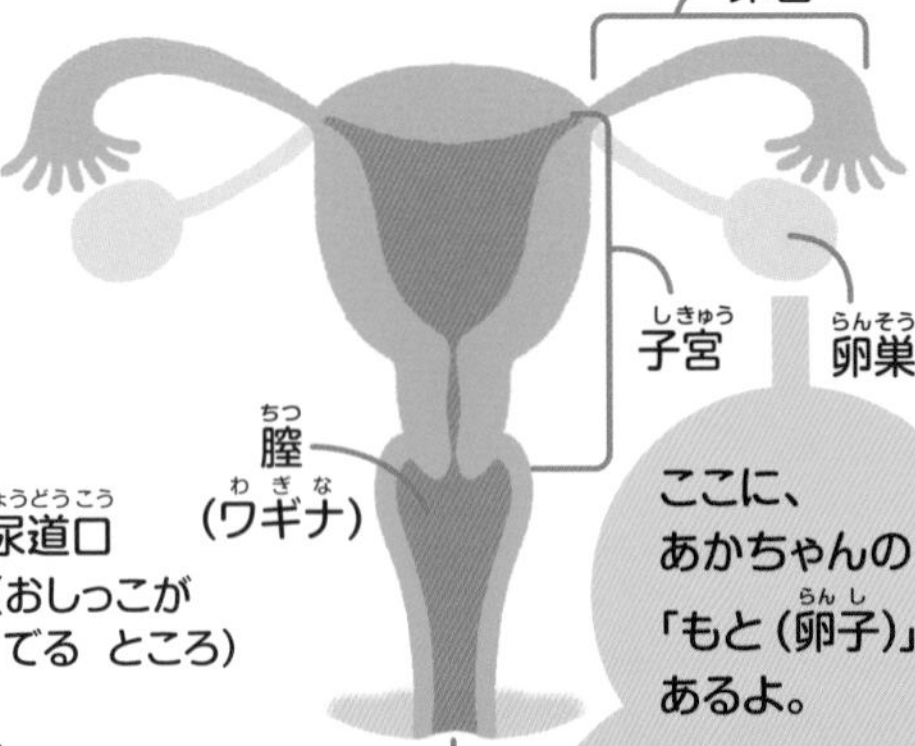

からだの そとに ある せいき
（した から みた ところ）

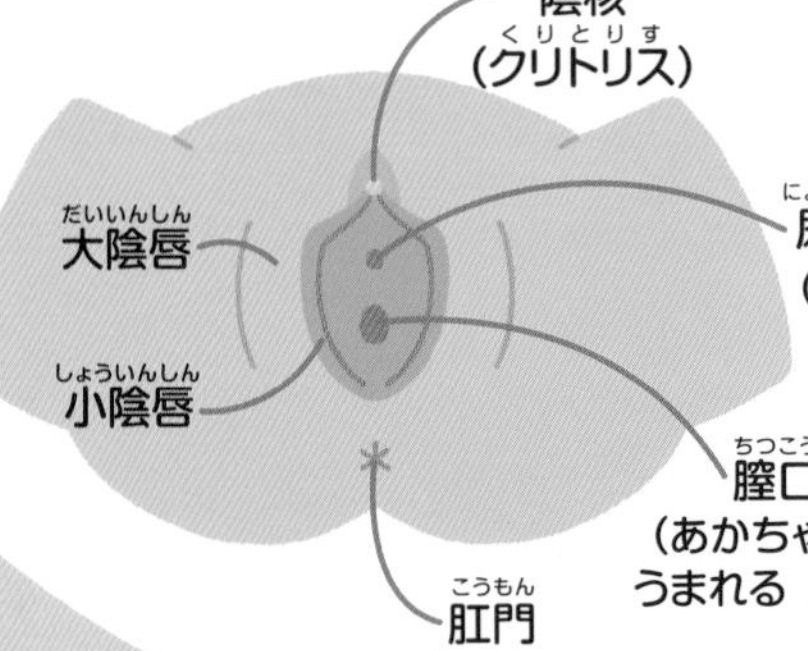

あらいかたを かくにん！

ひだ（小陰唇《しょういんしん》）の あいだに
ゆびを そわせて、やさしく
あらおうね。

膣《ちつ》の なかは
あらわないよ。

ごしごし
しない！

おしりの ふきかたも かくにん！

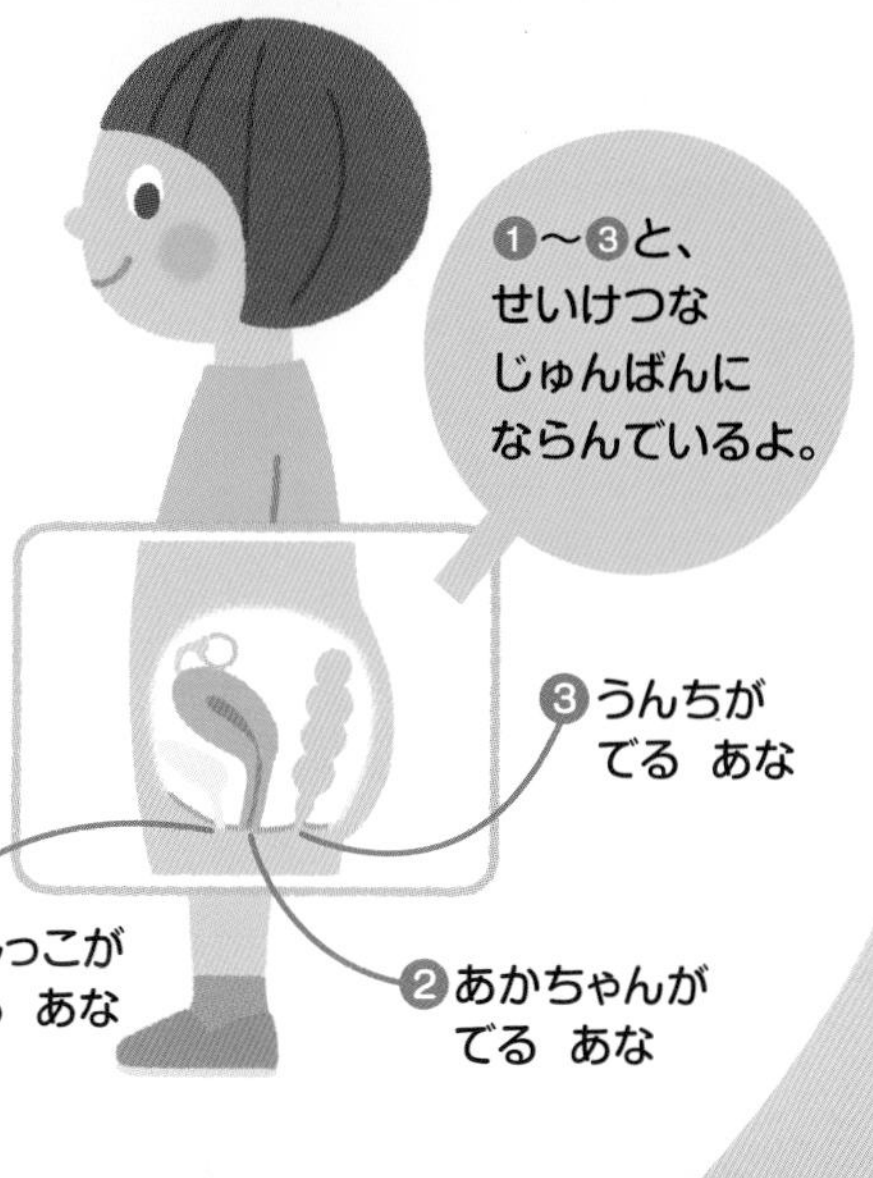
❶〜❸と、
せいけつな
じゅんばんに
ならんでいるよ。
❶おしっこが でる あな
❷あかちゃんが でる あな
❸うんちが でる あな

おしっこの ときは、かみを やさしく
おしあてるくらいで いいよ。
うんちの ときも、おしりは
やさしく ふこうね。
ふいた かみは、おなかの
ほうに ひっぱって
こないように しよう。

あかちゃんの たんじょう

まず、おとこの ひとの からだから、
おんなの ひとの からだの なかに、
「あかちゃんの もと（精子《せいし》）」が
おくりとどけられるんだ。
そして、おんなの ひとが もっている
「あかちゃんの もと（卵子《らんし》）」と であうよ。
卵子《らんし》と 精子《せいし》が くっつくと、
いのちが はじまって、子宮《しきゅう》の なかで
あかちゃんは おおきくなるんだ。

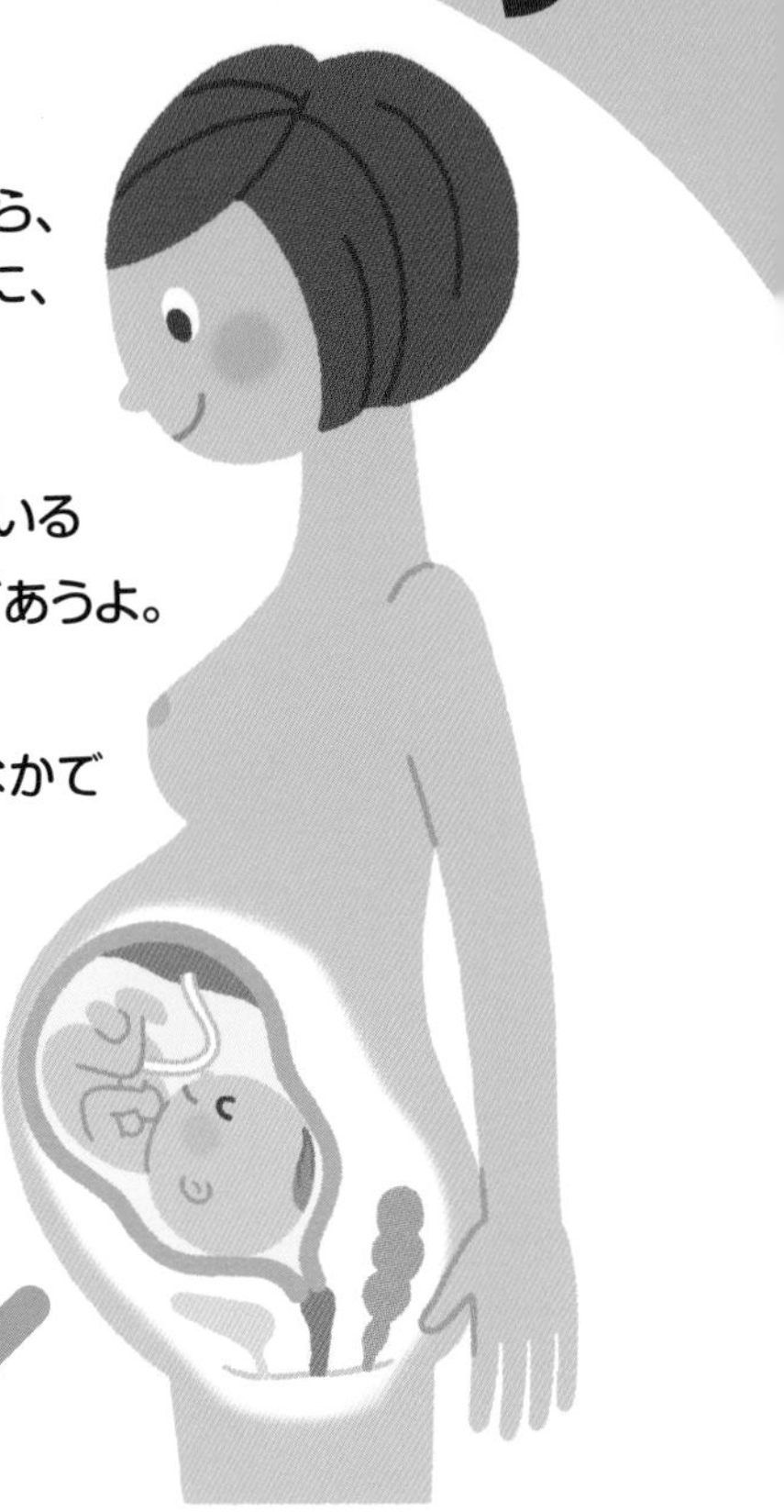

子宮《しきゅう》の なかの
あかちゃんは
こんな かんじ！

うまれた！

あかちゃんは、膣《ちつ》を
とおって うまれてくるよ!
おんなの ひとの
おなかを きって、
あかちゃんを
とりだす ことも
あるんだ。